Peter Allmend
Der Nistor

Peter Allmend

Der Nistor

Vom Wirken
eines verborgenen Meisters

Mit Illustrationen von
Sascha Wuillemet

Aquamarin Verlag

ISBN 978-3-89427-808-3
Deutsche Originalausgabe

1. Auflage 2018

© Aquamarin Verlag GmbH
Voglherd 1 • D-85567 Grafing
www.aquamarin-verlag.de

Umschlaggestaltung: Annette Wagner

Druck: C.H. Beck • Nördlingen

„HABEN WIR NICHT ALLE EINEN VATER? HAT UNS NICHT EIN GOTT ERSCHAFFEN?"

– MALEACHI 2,10 –

Inhalt

Wie alles begann

Prag ist eine mystische Stadt. Vor allem an nass-
kalten Herbst- oder Wintertagen scheint sich eine
morbide Spiritualität gleichsam in den feuchten Pflas-
tersteinen zu spiegeln.

Welche Stadt, die sich zudem auf die Weissagung einer
Seherin namens Libussa gründet, hätte besser geeignet
sein können, um den Alchemisten, Astrologen, Magiern
und weisen Rabbis eine Heimat zu bieten – als die alte
Kaiserstadt während der Herrschaft Rudolf II. (1552-
1612).

Dieses alte Prag ist das wahre Prag. Es erzählt noch immer düstere Geschichten und hütet dunkle Geheimnisse.

Ich habe vor Jahren längere Zeit in Prag gelebt und spüre noch immer eine Verbindung zu den verborgenen Kraftplätzen beiderseits der Moldau – vor allem aber zum Jüdischen Viertel.

So war es dann auch ein verregneter Oktobertag, als ich die zwei letzten abgetretenen Stufen ins Innere der Altneusynagoge hinabstieg, unter deren Dach der Legende nach noch immer die Überreste des Golem versteckt sein sollen, jener auf magische Weise erzeugten Gestalt, die auf geradezu archetypische Weise mit Prag verbunden ist.

Für mich ist diese im Jahr 1270 errichtete Synagoge, heute die älteste in Europa, ein einzigartiger Kraftplatz. Hier empfinde ich, wie nirgendwo sonst, die ungeheure Ehrfurcht vor der absoluten Transzendenz Gottes.

Die an die Wände angehängten Stuhlreihen scheinen in einer inneren Ausrichtung auf den Platz mit der Nummer 1 hinzuführen – den Stuhl von Rabbi Löw.

Ich stand, in Gedanken an den großen Weisen versunken, der sogar vom Kaiser empfangen wurde, was damals weit außergewöhnlicher war als heute ein erstes Zusammentreffen des Dalai Lama mit dem Papst, als sich eine Hand auf meine rechte Schulter legte.

„Der Maharal lebt noch immer in den Herzen der jüdischen Gemeinschaft. Der Überlieferung nach ist die Kette vor seinem Stuhl seit seinem Tod niemals mehr entfernt worden. Es gab niemanden, der würdig gewesen wäre, auf dem Stuhl mit der Nummer 1 zu sitzen."

Ich blickte erstaunt auf den Mann, der rechts hinter mir stand. War er ein Fremdenführer oder ein Mitglied der jüdischen Gemeinde, der meine innere Bewegtheit erkannt hatte?

„Maharal ist der Ehrenname, der ihm von den Juden Prags gegeben wurde? So wie man den berühmten Kabbalisten Isaak Luria aus Safed nur „Ari", den „Löwen", nannte?"

„So ist es. Du kennst dich gut aus in der jüdischen Geisteswelt, Peter Allmend."

Ich schaute ihn so verblüfft an, dass ein gewinnendes Lächeln sein feines Gesicht überzog.

„Sie kennen mich?"

„Du kennst mich auch – nur nicht auf dieser weltlichen Ebene. Wenn es nicht ein so oft missbrauchter Satz wäre, dann müsste ich jetzt sagen: „Ich habe auf dich gewartet." Aber vielleicht genügt es, wenn du mich als einen alten Freund betrachten kannst. Mein Name ist Shimon."

Er reichte mir die Hand, die ich gerne ergriff. Noch während ich sie schüttelte, stieg in meinem Herzen ein Gefühl wunderbarer Vertrautheit auf, obwohl ich mir diese vom Verstand her nicht zu erklären vermochte.

„Wir haben einige gemeinsame Freunde, die mir deine Ankunft mitgeteilt haben, und wenn du möchtest, würde ich dich während deiner Zeit in Prag begleiten. Wollen wir uns einen Moment setzen?"

„Gerne."

Wir gingen auf die linke Seite der kleinen Synagoge und setzten uns in die etwas engen Sitze. Noch immer schaute ich mit einem erstaunten Blick auf diesen liebenswerten, äußerst sympathischen Mann neben mir.

Shimon lächelte und zeigte nach oben an die Wand auf die dort angebrachten hebräischen Schriftzeichen.

„Jene fünf Worte drücken die Bestimmung dieses Ortes auf vollkommene Weise aus. „Wisse, vor wem du stehst." Es ist die bleibende Mission meines Volkes, für immer im Gedächtnis der Menschheit zu verankern, dass es wohl eine „Vergöttlichung" des Menschen gibt, aber niemals eine Gottwerdung. Es gilt der weise Satz, wonach wir ins Licht eintreten, die FLAMME aber nie berühren werden. Daher würde es der Menschheit und vielen ihrer selbst ernannten ‚spirituellen Lehrer' zum Segen gereichen, wenn sie doch nur endlich erkennen würden, welche kleinen Lichter wir auf dieser Erde sind. So unendlich abgeschattet von jenem LICHT, aus dem alles einst hervorging."

Mit diesen Worten nahm er eine blaue Kippa aus seiner Jackentasche und reichte sie mir.

„Du wirst sie in den nächsten Tagen noch einige Male benötigen; und dieses Papierteil auf deinem Kopf passt nicht zu dir."

Die Kippa war aus blauem Samt, mit einer Schmucklinie und fünf gleichartigen Ornamenten versehen. Während ich sie noch in der Hand hielt und betrachtete, bemerkte ich die Ähnlichkeit mit jener, die auf Shimons Kopf saß. Allerdings war seine purpurfarben.

Wieder erschien dieses besondere Lächeln in seinem Gesicht.

„Nimm es als Zeichen unserer Verbundenheit in den kommenden Tagen. Wenn du einverstanden bist, können wir uns morgen um 10 Uhr am Altstädter Brückenturm treffen."

„Das würde mich freuen."

Shimon stand auf, nickte mir freundlich zu und ging leise auf die kleine Treppenstufe zu.

Ich schaute ihm noch lange nach, so als wollte ich mich vergewissern, dass ich nicht einem Tagtraum anheimgefallen war.

Vielfalt

Der Altstädter Brückenturm wurde von Peter Parler im Jahr 1380 errichtet. Parler war es auch, der den Dom und die Karlsbrücke nach seinen Plänen erbauen ließ. Er muss ein außergewöhnlicher Mann gewesen sein.

Während viele der Touristen aus aller Herren Länder Photos vor der Büste Karl IV. machten, der gleichsam als Wächter rechts vor dem Turm stand, sah ich mir die Wappen und die Deckengemälde an, die immer wieder einen Löwen zeigten. Was für eine Ästhetik die großen Baumeister des Spätmittelalters doch in Materie gegossen hatten.

„Ja, Parler war eine feine Seele. Prag trägt noch immer seine Handschrift."

Shimon war von rechts gekommen, während ich ihn auf der Hauptstraße erwartet hatte. Er trug einen breitschultrigen dunklen Mantel, der ihm im manchmal zugigen und verregneten Prag sicher gute Dienste leistete.

„Die Erbauer der Karlsbrücke müssen eine Neigung zur Zahlen-Kabbala oder zur Numerologie gehabt haben. Beide waren in der zweiten Hälfte des 14. Jahrhunderts in Prag durchaus bekannt.

Sie weihten die Brücke am 9. Juli 1357 um exakt 5 Uhr 31 ein. Damit ergab sich die Zahlenfolge 135797531. Diese besondere Zahl sollte die Brücke schützen. Und wie immer man auch über die Magie der Zahlen denken mag – die Karlsbrücke steht noch immer."

„Ich frage mich, wenn ich diese Besucher aus aller Welt sehe, die hier mit ihren Handys entlang stolpern und sich gegenseitig umrennen, weil sie die Welt ja nur durch ihren kleinen Apparat wahrnehmen, ob sie überhaupt etwas von der historischen und vor allem von der inneren Bedeutung dessen, was sie erblicken, verstehen."

„Du bist zu kritisch, lieber Peter. Prag war schon immer ein Schmelztiegel. Hier trafen sich Händler aus vielen Ländern und dadurch natürlich auch unterschiedliche kulturelle und religiöse Traditionen. Für mein Volk war Prag gewissermaßen ein Siegelbewahrer des osteuropäischen Judentums.

Diese Menschen mögen an vielem kenntnislos vorübereilen, aber sei gewiss, hier sprechen auch die Steine. Und ihre Worte sind die einprägsamsten!"

„Eine ungewöhnliche Aussage! Das könnte auch ein Grund sein, warum Menschen überall auf der Welt die historischen Stätten aufsuchen. Unbewusst nehmen sie so ein wenig von der Weisheit der alten Hochkulturen in sich auf, seien es die Monolithe von Stonehenge oder die Pyramiden von Gizeh."

„So ist es. Vor allem aber bedenke, dass die Wahrnehmung der Vielfalt selbst die Besucher am meisten prägt. Sie können heute in Freiheit kommen und schauen. Diese Freiheit ist unendlich kostbar. Sie ist

der Schlüssel, um die noch immer auf der Angst grün-
denden Religionen zu überwinden. Die Wahrheit steht
über der Religion – und Freiheit und Liebe ohnehin.
So finden alle diese Menschen oft unmerklich zu einer
neuen Sicht auf das Leben. Was für ein wunderbares
Geschenk!"

„Ich muss zugeben, dass ich es aus diesem Blickwinkel
noch nie betrachtet habe."

„Es ist auch eine sehr idealistische Betrachtungsweise,
wie ich gerne zugeben will. Aber Prag ist sehr symbol-
trächtig.

Nur wenige hundert Meter über uns sehen wir den
Veitsdom aufragen, der die Botschaft verkündet: „Das
Göttliche steigt herab ins Menschliche." Wenige hundert Meter hinter uns steht dagegen die Altneusynagoge, die uns die Botschaft vermittelt: „Das Menschliche steigt empor ins Göttliche." Nur wer oberflächlich
schaut, erblickt darin einen Gegensatz.

Die Menschheit ist auf einem guten Weg, um in der Vielfalt nicht länger Gegensätze zu sehen, sondern dahinter eine sinnhafte Einheit zu erschauen. Die verschiedenen Offenbarungen des Göttlichen, insofern sie echte Offenbarungen sind, sollen uns zeigen, welche Mannigfaltigkeit sich in den unterschiedlichen religiösen Erfahrungen ausdrückt. Sie zeigen natürlich auch, wie weit entfernt von einer EINHEIT die Menschheit noch ist, aber das steht auf einem anderen Blatt.

Wollen wir schauen, ob diese altgediente Karlsbrücke auch noch zwei weitere Pilger trägt?"

Ich nickte Shimon lachend zu und schritt mit ihm durch den Bogen des alten Brückenturms.

Glaube

Shimon ging nur wenige Schritte auf der mit Touristen, Musikern, Künstlern und Händlern gut gefüllten Brücke. Dann blieb er vor der dritten Figurengruppe auf der linken Seite stehen – „Die Kreuzabnahme".

„Obwohl es eine der jüngeren Bildhauerarbeiten ist, mag ich seine Ausdrucksstärke. Die Inschrift ist schon leicht verwittert, aber man kann sie noch lesen: „Ihr Schmerz ist mein Schmerz." Es ist ein wunderbares Symbol für die weibliche Kraft, auch dem größten Leid standzuhalten. Es kommt nicht nur die Schönheit durch das Weibliche in die Welt, sondern auch die Fähigkeit, zu erdulden und unter dem Leid und Schmerz nicht zusammenzubrechen."

Shimon war ein meisterhafter Beobachter. Während er langsam weiterging, schien er jede Person genau wahrzunehmen und in jedem Gesicht etwas zu lesen.

„Die Karlsbrücke ist geradezu ein Kaleidoskop des Menschlichen. Du hast die klassischen Touristen, die nur im Sinn haben, kein einziges photographierbares Motiv auszulassen. Du hast die Andenkensammler, die hier ein Teil kaufen und dort ein zweites. Dann findest Du vereinzelt die künstlerisch Interessierten, die sitzen dann Portrait und erfreuen sich an ihrer Karikatur, die der Zeichner manchmal meisterhaft getroffen hat. Auf diese Weise vermögen sie sich sogar mit ihren kleinen Schwächen anzufreunden – den schief stehenden Zähnen oder der Hakennase. Jede Unvollkommenheit erträgt sich leichter mit Humor.

Die Liebespaare sind manchmal ungewöhnlich in ihrem Verhalten. Prag gilt nicht in dem Maße als „Stadt der Liebe" wie etwa Venedig, und trotzdem zieht es viele Verliebte an die Moldau.

Siehst du das nette junge Paar dort drüben, das gerade auf die „Nepomuk-Statue" zugeht?"

Shimon zeigte auf zwei junge, asiatisch aussehende Menschen, die sich lachend an den Händen hielten und auf die beliebte Statue zuliefen. Man konnte gut die beiden glänzenden, weil von zahllosen Händen berührten Reliefs erkennen, die Szenen aus dem Leben Nepomuks darstellten.

„Schauen wir mal, wie sie reagieren", sagte Shimon und betrachtete sie von der anderen Seite aus sorgfältig. Wie die meisten Touristen, berührten auch sie die beiden markanten Stellen zu Füßen des Heiligen. Dann gab es das unvermeidliche Selfie – und weiter ging ihre Urlaubsreise durch Prag.

„Die beiden sind offensichtlich keine Christen. Wenn ich in der Kürze der Zeit richtig geschaut habe, sind sie ein wenig vom Buddhismus geprägt. Sie haben aber aller Wahrscheinlichkeit nach in ihrem Reiseführer gelesen, dass diese Figur einen Heiligen darstellt und seine Berührung Glück und Segen schenken soll.

In dem Augenblick, als sie ihn berührten, flammte tatsächlich so etwas wie ein Lichtfunken im Bereich ihres Herzens auf, ein Geschehen, das nur möglich war, weil sie sich innerlich offen dafür gezeigt haben. Sie hatten keine Ahnung, wer dieser „Heilige" war, und erst recht nicht, welche schicksalhaften Szenen aus seinem Leben dargestellt sind.

Für eine innere Berührung, auch wenn sie weitgehend unbewusst bleibt, spielt dies auch keine Rolle. Sie hätten die gleiche Erfahrung auch in einer Shiva-Höhle im Himalaya oder in Bodhgaya machen können. Es kommt nicht auf die Form, sondern allein auf die innere Einstellung an. Es geht um ihren Glauben, um GLAUBEN an sich. Ohne diese Fähigkeit wäre die Menschheit verloren."

„Du kannst diese innere Veränderung sehen?"

„Mein lieber Peter, du willst mich doch hier nicht prüfen. Als wenn diese Fähigkeit für dich etwas Neues wäre. Willst du nur wissen, ob der gute Shimon sie auch hat? Ja, er hat sie!"

Ich hob entlarvt und mich entschuldigend die Arme.

„Ich bin durchschaut. Ich bitte demütig um Verzeihung."

„Du bist auch noch ein schlechter Schauspieler", lachte Shimon.

„Diese alte Brücke ist ein ungewöhnlicher Kraftplatz. Ich denke mir manchmal, die Unzahl an Unwissenden, die täglich darüber laufen, vor allem die lärmenden Bierseligen mit ihren noch viel unschöneren Begleitern, müssten das Kraftfeld irgendwann erschöpfen – aber das ist nicht der Fall.

Wenn ich von Zeit zu Zeit im Winter ganz früh am Morgen hier entlang gehe, dann erblicke ich zahlreiche sehr feine Wesen, die alle Anhaftungen auflösen, alle erdgebundenen Wesen, die hier umherirren, in lichtere Ebenen führen und das uralte Kraftfeld wiederherstellen. So unglaublich es klingt, aber die über den Alkohol gebundenen Seelen müssten geradezu dankbar dafür sein, dass ihre „Wirtsseelen" im trunkenen Zustand über diese Brücke getaumelt sind und ihnen so die Möglichkeit geboten haben, ein wenig freier zu werden. Gott schreibt wirklich auch auf krummen Linien gerade! Er könnte die Welt auch ohne uns erlösen, aber er will uns daran teilhaben lassen.

Wir leben in einer unerlösten Welt, aber aus der Liebe wächst der Same zu ihrer Rettung. Deswegen sind es vor allem die Liebenden, die diesen Kraftplatz stärken.

Bist du bereit für den Aufstieg zum Heiligen Vitus?"

Ich hatte ihm mit Freude und Bewunderung zugehört und nickte bejahend mit dem Kopf.

Weltenwanderer

Der Weg zum Hradschin mit dem das Prager Stadt-
bild überragenden Veitsdom führt durch das alte
Zolltor. Dort beginnt die sogenannte „Kleinseite", tsche-
chisch „Malá Strana". Die schönen alten Bürgerhäuser
haben den 2. Weltkrieg teilweise unversehrt überstan-
den oder wurden fachkundig wieder aufgebaut. Man
muss auf seine Schritte achten, um nicht zwischen die
großen Pflastersteine zu geraten. Vor allem um hübsch
beschuhte Frauenfüße machte ich mir gelegentlich leichte Sorgen, zumal ich einige Male hilfreiche Auffang-
Aktionen bemerkte, die wohl Schlimmeres verhüteten.

Shimon schien das touristische Schauspiel mit Prager
Gelassenheit schmunzelnd zu beobachten. Er hatte das
wohl schon zu viele Jahre vorgeführt bekommen. Nur

einmal zeigte er mit einem kurzen Auflachen auf ein Schild, kurz vor dem Aufstieg zur Großen Treppe, die zur Burg führte: „Ältester Pub in Prag. Seit 1375.“

„Ich habe so meine Zweifel, ob schon die altehrwürdigen Bauleute der damaligen großen Zeit hier 1375 ihren wohlverdienten abendlichen Bierkrug erhalten haben. Aber werbetechnisch gesehen macht sich so ein Schild sicher gut; und in Prag käme wirklich niemand auf die Idee, das auf seine historische Wahrheit zu überprüfen.“

Die allmählich breiter werdende Treppe, die leicht gewunden nach oben führte, bot vielen Bettlern eine gefragte Wirkungsstätte, war die Touristenfrequenz hier doch ganzjährig sehr hoch. Man konnte aber beobachten, dass die meisten Menschen ihnen gezielt auswichen. Sie gingen bereits einige Stufen vorher etwas nach links oder rechts, um die Bettler nicht frontal umrunden zu müssen.

„Zu viel Elend stumpft ab“, bemerkte Shimon. Und das traf es wohl ziemlich gut. Wer hätte allen diesen

Menschen gleichzeitig etwas geben wollen. Also entschlossen sich die meisten Besucher, die Armut durch Nichtbeachten auszublenden.

Wenn man auf der großen Aussichtsplattform des Hradschin angekommen ist, wird der Anstieg durch einen grandiosen Ausblick auf Prag belohnt.

Was mag die legendäre Seherin Libussa damals geschaut haben, als sie die Zukunft Prags vorhersagte?

Der Trubel auf dem Domplatz war schon am späten Vormittag unbeschreiblich. Es gibt neben dem noch immer dominierenden Regenschirm fast kein Symbol, das nicht als Reisegruppen-Identifikation in die Höhe gereckt wird. Mein Favorit war eine Leuchte, die wohl einem Shinto-Schrein entstammte und einer japanischen Besuchergruppe Orientierung bot. Das globale Dorf – hier wurde es sichtbar!

Ich wollte mich gerade als anständiger Schweizer Tourist der langen Reihe eingliedern und für uns Tickets erwerben, die man zu meiner Prager Zeit noch nicht benötigte, als mich Shimon sanft gegen den Strom durch die Eingangspforte zog. Da man ohne Tickets nicht durch die jetzt aufgestellten automatischen Schranken kam, schob mich Shimon ganz nach rechts, nickte dem Aufseher am Ausgang wie einem alten Bekannten zu und ging mit mir in der Gegenrichtung in den Dom. Die christlich-jüdische Verständigung schien im Herzen des katholischen Prags problemlos zu funktionieren.

„Es ist schon eine erstaunliche Anekdote der Geschichte, dass ausgerechnet ein Sizilianer zum Prager Schutzpatron wurde, der unter Kaiser Diokletian am Anfang des 4. Jahrhunderts zum Märtyrer wurde. Später stieg St. Vitus oder Veit sogar zu den „14 Nothelfern" der Katholischen Kirche auf. Die machen einen guten Job. Vor denen habe ich große Hochachtung", fügte er anerkennend hinzu.

Wir gingen dann ein paar Schritte nach links, wo Shimon sich vor dem berühmten Glasfenster von Alfons Mucha niedersetzte. Die Sonne fiel durch die einmalig schönen Glasfenster und tauchte den Dom an dieser Stelle in einen fast überirdischen Glanz.

Dann ergriff Shimon, zum ersten Mal nur in flüsternder Lautstärke, das Wort.

„Der Dom beherbergt viele bedeutende historische Sehenswürdigkeiten und zudem die Gräber allerlei berühmter Leute; aber nur dieses Fenster zählt wirklich. Es wurde erst 1931 von Mucha gestaltet, aber dabei muss ihm der Heilige Geist der Christen die Hände geführt haben.

Erinnert es dich nicht an die wunderbaren roten Fenster in eurem Großmünster?"

„Du kennst dich wohl auch in Zürich gut aus? Ich hatte gerade den gleichen Gedanken."

„Dieses Fenster ist eine Art „Transformationstor". Es fällt also nicht nur gleichsam ein Licht aus dem Himmel auf die andächtigen Besucher – vor keinem Fenster verweilen sie länger – sondern es bietet den wenigen Wissenden auch einen einzigartigen Zugang in die astralen Welten. Manchmal kann ich hier Menschen beobachten, die anscheinend im tiefen Gebet versunken sind, aber ich sehe auf einer inneren Ebene, dass sie ihren Astralkörper ausgesandt und das Mucha-Fenster zum Übertritt in die Geistige Welt gewählt haben.

Die astralen Welten sind sicher nicht der Vorgarten zum Paradies, darin sind sich die Kabbalisten und die Esoteriker der verschiedenen Schulen ausnahmsweise einig, aber sie schenken doch die Gewissheit vom individuellen Fortleben nach dem sogenannten ‚Tod'. In dieser Sphäre spielen sich fast alle „Nahtod-Erfahrungen" ab. Wenn die Menschen den Erfahrungsberichten dieser „Sphärenwanderer" mehr Aufmerksamkeit schenken würden, dann wüssten sie frühzeitig, wie unbestechlich das Gesetz „Wie auf Erden so im Himmel" ist.

Die Menschen sind ohne körperliche Hülle noch dieselben wie vorher. Nur können sie sich nicht mehr anders geben, als sie in Wahrheit sind. Sie sind hier mit sich sich selbst konfrontiert. Für viele, für sehr viele wird dies zu einer schmerzlichen Erfahrung. Sie werden dann *von* ihren Sünden bestraft, nicht *für* sie. Hier muss dem Christentum eine vollkommen verfehlte „Sünden-Theologie" vorgeworfen werden, die durch Unwissenheit viel Leid verursacht hat."

Shimon schwieg, blickte auf das Glasfenster und schien in eine tiefe Versenkung einzutreten.

Ich saß schweigend neben ihm, öffnete aber gelegentlich die Augen, um ihn zu beobachten. Ein Mitglied der jüdischen Gemeinde, das offensichtlich mehr sah als wir Normalmenschen, in Kontemplation versunken im katholischen Veitsdom. Ich musste schmunzeln.

Shimon strahlte eine fast majestätische Stille aus, die ihn wie eine große Aura umgab. Der Lärm der zahllosen Besucher schien in seiner Nähe gänzlich zu verstummen.

Wir gingen dieses Mal durch den richtigen Ausgang nach draußen, wieder mit einem freundschaftlichen Nicken zum Aufseher, das herzlich erwidert wurde. Man kannte sich offensichtlich gut.

Ich hatte gehofft, Shimon würde vielleicht über seine inneren Wahrnehmungen sprechen, doch er schwieg. Zumindest im Augenblick.

Bescheidenheit

„ *M* achen wir ein paar Schritte vom Reichtum zur Armut."

Dies waren die ersten Worte von Shimon, als wir den Dom verließen und rechts davon die Pflasterstraße hinuntergingen.

Diesen Worten und der Richtung nach konnte er nur zum berühmten „Goldenen Gässchen" gehen wollen – und dahin wollte er.

Es wiederholte sich die Szene vom Dom. Shimon ging auf einen der Kontrolleure zu, nickte ihm herzlich zu, das Nicken wurde ebenso herzlich erwidert und mit zweimaligem Drücken auf den Antiblockierknopf wa-

ren wir eingelassen. Shimon musste mit der Hälfte der Prager Denkmalbediensteten bekannt sein.

„Ich denke, du weißt, dass die damaligen Alchemisten und sogenannten „Goldmacher" nicht in diesen kleinen, damals noch viel armseligeren Häuschen untergebracht waren. Die lebten standesgemäß!"

„Ja, das weiß ich. Das waren die Unterkünfte der schlecht entlohnten Kaiserlichen Torbogenschützen."

„So ist es. Das sind wirklich arme Leute gewesen; und diese kleinen Häuschen waren damals sicher nicht so hübsch hergerichtet wie heute, wo viele Kunsthandwerker eingezogen sind. Diese kümmerliche Gasse trug damals auch nicht die Bezeichnung die „Goldene".

Wir sind nur wenige hundert Meter vom Dom entfernt, so dicht lagen Armut und Reichtum beieinander.

Das Einzige, was ich mit Blick auf die heutigen Häuschen ermutigend finde, ist der Umstand, wie man mit einfachen Mitteln und Sauberkeit auch Armut in Anmut verwandeln kann. Vielleicht war es diese „Verwandlung", die Franz Kafka inspirierte, das Häuschen Nr. 22 als Arbeitsraum während des Tages zu benutzen.

Du kannst in bescheidenen Verhältnissen leben – und doch deine Würde bewahren. Ich sehe das auch, wenn ich bei den weniger begüterten Mitgliedern unserer Gemeinde zum Schabbes eingeladen bin. Das sind fromme Menschen, wobei ich „fromm" hier im guten Sinne als herzensreine, von innen kommende Religiosität verstehe. Diese Herzensreinheit berührt mich immer wieder zutiefst.

Wir haben, gerade im Umfeld der Altneusynagoge, immer wieder reiche, unfassbar reiche Besucher, vor allem aus den Vereinigten Staaten, aber nur wenige kommen mit einem offenen Geldsäckchen. Die meisten haben ebenso verschnürte Geldbeutel wie Herzen. Ich kann sie nicht erreichen und ihnen vermitteln, dass eine Geldspende vor allem *ihnen* nutzen würde. Ich war oft genug anwesend, als man diese Menschen auf der anderen Seite danach befragte, wie viel sie gegeben hätten."

Shimon war eine echte Betroffenheit anzusehen, wobei es gar nicht der Geiz als solcher war, der ihn ärgerte, sondern er sah die verhärteten Seelen und die vergebenen Möglichkeiten, über die Hilfe für andere selbst innerlich zu wachsen.

„Gerade diejenigen in unserer Gemeinde, die nur wenig besitzen, sind die Hilfsbereitesten. Sie wissen aus eigener leidvoller Erfahrung, was Armut bedeutet. Ich vermute einmal, dass du in deinem Zürich, der „Hauptstadt des Geldes", ganz ähnliche Erfahrungen machen wirst."

Ich musste ihm leider uneingeschränkt zustimmen. Auch in der reichen Schweiz ist die Schere zwischen den unvorstellbar Reichen und den weniger Begüterten in den letzten Jahren immer weiter auseinander gegangen. Ich hoffe aber immer noch, die tiefe Spiritualität vieler Schweizer wird irgendwann auch diese elitäre Gruppe erreichen.

„Die Menschheit hat seit Langem die Zielrichtung verloren. Wir setzen ungeheure Summen für die Suche nach Gravitationswellen oder kleinsten Teilchen ein, um etwa den sogenannten „Urknall" zu verstehen – als ob menschliches Bewusstsein auch nur den Anfang der *materiellen* Schöpfung verstehen könnte. Von Höherem will ich gar nicht sprechen.

Wenn wir die gleichen Mittel nicht für den „Weg nach außen", sondern für den „Weg nach innen" aufgewandt hätten, wir würden heute als Menschheit in einer anderen Welt leben.

Der gute alte Prof. Kant aus Königsberg, jeglicher Mystik unverdächtig, war einer großen Wahrheit relativ nahe, als er vom „moralischen Gesetz in uns und vom gestirnten Himmel über uns" sprach, als ausreichende Grundlage für ein rechtes Leben. Die Bescheidenheit, aus der Weisheit des Herzens heraus anzuerkennen, wie klein wir in Wirklichkeit sind, ist vor allen den führenden Kreisen in Wissenschaft und Wirtschaft verloren gegangen. Einhergehend damit fehlt die Achtung vor der Schöpfung und die Verpflichtung, sie zu bewahren für kommende Generationen."

„Ich befürchte, es hängt ganz entscheidend von der menschlichen Gier ab. Ich sehe das in Zürich teilweise in einem wahrhaft erschreckenden Ausmaß. Ich wohne dort seit über fünfzig Jahren, aber die Gier war noch niemals so zügellos wie heute."

„Es ist nicht allein die Geldgier, auch die Gier nach Anerkennung, nach Berühmtheit, nach Ansehen oder gar nach geschichtlichem Ruhm zerstört viele Charaktere. Das meine ich mit der falschen Zielgerichtetheit. Der Weg zum wahren Glück führt nach innen – in ein einfaches Leben."

Nach diesen Worten, es war inzwischen später Nachmittag geworden, begann Shimon auf der anderen Seite den Burghügel hinabzusteigen. Als wir unten im lauten Straßenverkehr der Prager Altstadt angekommen waren, gab er mir die Hand und fragte: „Wollen wir uns morgen auf dem Kleinseiteplatz am Brunnen von Karl VI. treffen? Ich würde dir gerne ein paar historische Zusammenhänge aufzeigen – und ich weiß, dass du dich für Geschichte interessierst."

„Ich bin schon gespannt. Bis morgen."

Freiheit

Shimon begrüßte mich fröhlich. Obwohl es ein sonniger Tag war, trug er seinen schweren breitschultrigen Mantel. Er wirkte an ihm aber eher wie ein beschützender Umhang.

„Ich vermute, du bist schon oft auf diesem Platz gewesen und kennst auch den Karl VI. geweihten Brunnen. Aber ist dir an der Spitze des Obelisken auch das „Allsehende Auge" aufgefallen, das Symbol der Illuminaten?"

Ich musste ihm gestehen, dass mir dies in all den Jahren tatsächlich entgangen war, obwohl es golden und gut sichtbar in der Sonne glänzte.

„Du findest Zeichen und Symbole dieser Art in ganz Prag, verstärkt auf der Kleinseite. Viele Gruppen, Logen und Bruderschaften haben sich über die Jahrhunderte in Prag versammelt. Manche waren okkult-versponnen, einige wurden aus rein gesellschaftlich-ökonomischen Gründen ins Leben gerufen; aber manche arbeiteten auch sehr ernsthaft für die geistige Weiterentwicklung der Menschheit.

Es ist sicher kein Zufall, dass Rudolf Steiner, man mag zu ihm stehen wie man will, neben Stuttgart die meisten seiner Vorträge in Prag gehalten hat. Prag war für die spirituelle Entwicklung Europas wichtiger als für die machtpolitische.

Ich denke, die groben Züge der tragischen Geschichte Friedrich V., des ehemaligen Kurfürsten von der Pfalz, der als der „Winterkönig" in die Geschichte eingegangen ist, sind dir bekannt?"

„Ja, seine unglückliche Wahl zum König von Böhmen, die politisch gewollte Hochzeit mit Elisabeth Stuart, der

Tochter des englischen Königs Jakob I., des Führers der Protestantischen Union, kenne ich ganz gut. Friedrichs Krönung in Prag, nach dem Tod von Matthias, der auf üble Weise seinen Bruder Rudolf II. heimlich entmachtet hatte, und dies alles am Beginn des 30-jährigen Krieges, sind Lehrstücke schicksalhafter Verwicklungen."

„Das kann man zweifelsfrei so beschreiben. Aber du erwartest ja von mir hier keinen historischen Vortrag, und es geht auch um etwas ganz anderes. In den Jahren nach 1600, als es der Inquisition gelang, den ihr durch Verrat ausgelieferten Giordano Bruno am 17. Februar des neuen Jahrhunderts auf dem Campo de' Fiori zu verbrennen, leuchteten die Flammen seines Scheiterhaufens wie ein Fanal in die Welt. Bruno hatte bei seinen Besuchen am Hof und in einigen deutschen Städten Aufsehen erregt. Sein kosmozentrisches Weltbild, das ihn zu einem Geistesbruder des Kopernikus machte, hatte nicht wenige aufgeweckte Geister in Europa nachhaltig beeinflusst.

Deutschland besaß in dieser Zeit zwei fortschrittliche Höfe – die kurpfälzische Residenz in Heidelberg und den Kaiserhof in Prag. Zwischen beiden gab es vielfältige Verbindungen – und manche stehen nicht in den offiziellen Geschichtsbüchern. Beide Herrscher hielten ihre schützende Hand über die englischen Magier und Alchemisten. Dee und Kelley lebten sogar längere Zeit in Böhmen. Sie förderten die Astronomie und die Astrologie. Man darf auch nicht vergessen, dass Kepler als der größte deutsche Astrologe galt.

Vor allem aber förderten sie die Rosenkreuzer. 1614 erschien in Kassel die erste Ausgabe der „Fama Fraternitatis", 1615 die „Confessio" und 1616 die „Chymische Hochzeit", die, daran kann es keinen Zweifel geben, eng verbunden ist mit dem Heidelberger Schloss.

Als Jakob Böhme (1575-1624) im Jahr 1612 sein berühmtes Werk „Aurora" schrieb, hatten sich rosenkreuzerische Ideen bereits bis nach Görlitz herumgesprochen; und als Friedrich V. im Herbst 1619 in Prag gekrönt wurde, war Böhme in der Stadt, um seinem triumphalen Einzug beizuwohnen.

Was hatte das alles, aus einer höheren Perspektive betrachtet, zu bedeuten?"

„Wenn ich mich richtig erinnere, standen die aufgeklärten Schichten in Erwartung eines „Neuen Zeitalters". Eines Zeitalters der Aufklärung, des geistigen Erwachens und einer universellen Verwirklichung von geistiger Freiheit."

„Du beschreibst es ziemlich treffend. In den inneren Welten versuchte man, diesen Kräften alle Unterstützung zukommen zu lassen, die Karma und Freiheit gestatteten. Aber wir scheiterten."

Shimon brach in seinem intensiven Redefluss ganz plötzlich ab. Sein Blick verfinsterte sich erstmals – und er schwieg längere Zeit.

Trotzdem konnte ich mich später erinnern, dass er in seinem letzten Satz von „wir" gesprochen hatte.

„Die Mächte der Gegenreformation, die jesuitischen Spanier und die Habsburger aus Bayern und Österreich, setzten alle Mittel ein, um ihrem willfährigen Werkzeug, Ferdinand II., zum Sieg zu verhelfen – und sie waren erfolgreich.

Nur neun Monate nach seiner Krönung zum König von Böhmen verlor Friedrich V. die berühmte „Schlacht am Weißen Berg". Prag fiel an die Mächte der Reaktion, alle Toleranzedikte, wie etwa der sogenannte „Majestätsbrief" von Rudolf II., der auch meine jüdischen Brüder und Schwestern geschützt hatte, wurden von Ferdinand II. zurückgenommen. Es wurde dunkel über Europa.

Die Kräfte des geistigen Fortschritts hatten eine verheerende Niederlage erlitten.

Böhme starb vier Jahre später. Die Rosenkreuzer gingen in den Untergrund, und die hermetischen Philosophen mussten über ein Vierteljahrtausend warten, bis im Jahr 1875 in New York die Theosophische Gesellschaft gegründet wurde. Der erste Versuch, die Uralte Weisheit wieder in weiteren Kreisen bekannt zu machen."

Ich war betroffen von Shimons Ausführungen. Die meisten der äußeren, historisch gut dokumentierten Ereignisse waren mir durchaus bekannt, aber die innere Dimension der Geschehnisse erschloss sich mir erst aus seinen Ausführungen.

„Es ist erstaunlich, dass wir gerade heute, im Jahr 2017, darüber sprechen: 500 Jahre Reformation und im kommenden Jahr die 400-jährige Wiederkehr des „Prager Fenstersturzes", der Auslöser für den furchtbaren „30-jährigen Krieg" war."

Shimon legte mir seine rechte Hand auf die Schulter und sagte: „Es gibt keinen Zufall, mein lieber Freund. Wir stehen hier nicht, weil wir heute Vormittag gerade nichts Besseres zu tun haben. Das Gewebe des Schicksals wird von Meisterwebern gewoben."

Heute, während ich diese Zeilen schreibe, bin ich mir sicher, dass Shimon lange vor mir wusste, dass seine Ausführungen in dieses Buch münden würden.

Noch deutlicher wurde mir dies, als er kurze Zeit später mit mir noch viel tiefer in fernste Zeiten eintauchte.

Das Rad der Wiedergeburt

„Gehen wir hinunter zur Kampa-Insel!"

Die Moldauinsel Kampa, an einem kleinen Seitenarm
der Moldau gelegen, der im Volksmund gerne „Teufels-
bach" genannt wird, was nicht recht zu dem Umstand
passen will, dass sich hier einst ein „Marien-Wunder"
an der alten Mühle ereignet hat, zählt zu den roman-
tischsten Plätzen Prags. Man kann die Mühle auch gut

vom Ende der Karlsbrücke sehen, kurz vor der Kleinseite. Als Shimon und ich am ersten Tag über die Brücke gegangen waren, hatte Shimon noch auf das Mühlrad gezeigt und gerufen: „Das Rad der Wiedergeburt!"

Wir stiegen die kleine Treppe zur Moldau hinunter und konnten das alte, fast schwarze Mühlrad nahezu mit den Händen greifen. Es war ein Platz, der, im tiefsten Sinne, etwa eines Novalis, das Prädikat „romantisch" trug.

„Das Abendland hat den Begriff vom „Rad der Wiedergeburt" aus Asien übernommen. Dort wurde lange Zeit, bis Sri Aurobindo seinen „Integralen Yoga" ins Leben rief, die Inkarnationsfolge tatsächlich als ewiger Kreislauf verstanden. Es ging allein darum, aus dem „Rad des Samsara" zu entkommen, um Samadhi zu erlangen oder in ein wie auch immer verstandenes Nirvana einzugehen. Es war ein „immer wieder", kein „immer weiter". Daher empfiehlt es sich, heute vielleicht besser von der „Spirale der Wiedergeburt" zu sprechen.

Die alte östliche Lehre gab dem Individuum keine besondere Bedeutung. Was damit zusammenhängt, dass auch „im Anfang" kein Individuum existierte, das sich durch einen „Abfall" bis hin zu einer materiellen Ebene verdichtete.

Hier haben wir es tatsächlich einmal mit zwei wirklich unvereinbaren Weltbildern zu tun. Das eine sieht die Materie als vom gefallenen Geist verursachte Stufe an; das andere geht von einer genau so gewollten evolutionären Entwicklung aus.

Von einer gewissen Ebene der inneren Welt aus lässt sich diese Frage entscheiden."

„Und du beantwortest sie dahingehend, dass die Vorstellung von einem „Fall" zutreffend ist?"

„Unsere jüdische Tradition hat ein recht treffendes Bild gewählt, wenn sie vom „Bruch der Gefäße" spricht. Sie will damit zum Ausdruck bringen, dass vor unvorstellbaren Zeiträumen geistige Wesen ihrem ursprünglichen

Schöpfungsweg nicht mehr folgten, eigen-willige Entscheidungen trafen und abfielen. Es waren ihre eigenen freien Entscheidungen. Sie waren keinesfalls ‚Verführte‘, was sie zumindest teilweise von ihrer Eigenverantwortung entbunden hätte.

Ihre Seelen-Gefäße konnten das göttliche Licht nicht länger aufnehmen und brachen. Sie sanken so allmählich in dichtere Welten, die sie sich durch ihren Abfall erst selbst schufen. Der Geist formt sich auf *jeder* Stufe die Sphäre, die ihm innerlich entspricht.

„Gleiches zieht Gleiches an" ist wahrhaft eines der Ur-Gesetze der Schöpfung und in seiner Tiefe noch längst nicht verstanden."

„Die materiellen Welten sind also in Wahrheit Rückführungsstufen für Wesen, die aus eigenem Entschluss die Lichtsphären verließen oder verlassen mussten?"

„Wenn man es in einfachen Worten umreißen möchte, kann man es so formulieren. Die Menschheit ist geistig noch nicht wieder so reif, um auch nur annähernd zu erfassen, was sich einst in völlig anderen geistigen Reichen abgespielt hat. Es fehlt ihr jegliches Verständnis; und ohne dieses Bewusstsein mangelt es ihr natürlich auch an den entsprechenden Worten. Es genügt letztlich auch vollständig, um den einstigen Abfall zu wissen und zu erkennen, dass das Geschehen der Inkarnation der Weg zurück ist."

Shimon sah zuerst auf das alte Mühlrad und schaute mich dann ernst an.

„Ich weiß, dass du deinen eigenen Weg in großen Zügen kennst: In der Spätphase der atlantischen Kultur tratest du in den irdischen Zyklus ein. Das Bild, das dir geblieben ist, als du dich im Kanu über einen See paddeln siehst, strahlt noch heute ein wenig von der Schönheit von Poseidonis aus, bevor es eine korrupte Kaste von Schwarzmagiern in den Untergang trieb. Bewahre dir dieses Bild!"

„Du kannst das sehen?"

„Ich *durfte* es sehen. Die mächtigen „Hüter der Chronik" haben mir Zugang zu diesen Bildfolgen gewährt, weil sie meine Bitte als selbstlos anerkannten. Andernfalls erlangt niemand Zutritt zur „Akasha-Chronik". Alles, was heute darüber erzählt oder geschrieben wird, stellt reine Ausgeburten der Phantasie dar.

Um die machtvollen „Hüter" zu überzeugen, musst du völlig selbstlos sein und nur um des Dienstes am Großen Plan willen nachfragen. Denke nur in den reinsten Gedanken an diese Wesen, sie gehören zum Majestätischsten, was ich in den inneren Welten je erschauen durfte.

Ich habe keinesfalls aus Neugierde in deine Lebenskette geschaut, sondern ich wollte nur deinen Werdegang verstehen, um dich besser für deine zukünftige Arbeit unterstützen zu können.

Dein Weg hat dich durch viele Länder und Kulturen geführt, was dir heute hilft, die Weltreligionen von innen her zu erfassen und zu einem sinnvollen Ganzen zu verbinden.

Die vielen Leben als Yogi in den Höhen des Himalaya haben dir den leichten Zugang zur Meditation erschlossen. Ein kostbares Gut!

Gutes Karma oder intuitives Erkennen halfen dir, die magischen Kulturen des Altertums zu meiden, was nahezu unwiderruflich karmische Verwicklungen mit sich gebracht hätte.

So wurde erst die pythagoräische Akademie wieder prägend für dich. Der Segen des großen Weisen aus Crotona umgibt dich noch immer. Bleibe seiner würdig!

In Norwegen fandest du zum Kraftfeld Christi, was eher ungewöhnlich ist. Hier begann deine Verwandlung vom Krieger zum Lehrer. Seit damals hast du kein Schwert mehr in deinen Händen gehalten. Ergreife nie wieder eines, du weißt es nur allzu gut zu führen!

England öffnete dir den Blick für die Welt, aber leider auch für Gewalt und Intrigen sowie für die Mächtigkeit des Wortes. Du kannst mit dieser Macht segnen oder verführen. Hier gilt es gerade für dich, sehr achtsam zu sein!

Die späteren Jünger des Franziskus boten dir in ihrem Orden Heimstatt an – und führten dich zu jener Liebe, die in ihrem wundervollen Begründer offenbar wurde. Franziskus war nicht von dieser Welt und wird in sie auch nie mehr zurückkehren.

In deinem kurzen letzten Leben hast du vieles durch Leiden abgeglichen, was du über die Jahrtausende angehäuft hattest. Es hat dich auch mit mir und der jüdischen Tradition verbunden. Fast wäre dir mit deiner Schwester die Flucht in die Niederlande gelungen, als die Nazi-Häscher euch doch noch im Zug ergreifen konnten. Wie Millionen andere meines Volkes – im Rauch durch die Nacht. Wahrlich, man konnte es nicht treffender formulieren, der „Tod war ein Meister aus Deutschland"!"

„Ich weiß von dieser kurzen Inkarnation erst seit wenigen Jahren. Erstaunlicherweise erlebte meine Schwester die Episode zeitgleich auch, bis ins kleinste Detail – ohne dass wir von unserem jeweiligen Erleben etwas wussten!"

„Diese Inkarnation hatte nur zwei Bestimmungen – das Verbrennen von vielem alten Karma und das Eintauchen in die Tiefen jüdischer Weisheit. Mehr auf der inneren als auf der äußeren Ebene. Die Opfer der Shoah, die selbstverständlich nicht außerhalb des Karma-Gesetzes standen – was die Mörder nicht ihrer Verantwortung und Rechenschaft entzieht – haben in den inneren Reichen manche Segensgabe empfangen.

Das Karma-Gesetz kann von niemandem außer Kraft gesetzt werden; aber es gibt wundervolle Lichtwesen, die es immer wieder in beglückender Weise für das geistige Voranschreiten nutzbar machen.

Die Liebe der Geistigen Welt für die sich über Erdeninkarnationen vorwärts kämpfenden Seelen ist grenzenlos. Vertraue uneingeschränkt auf sie!"

„Du liest in meiner Vergangenheit wie in einem aufge-
schlagenen Buch. An viele diese Bilder oder Leben habe
ich seit Jahrzehnten nicht mehr gedacht. Dein Wissen
ist mehr als beeindruckend!"

„Mein Lieber, es geht nicht um das Phänomen", lachte
Shimon und legte mir beide Hände auf die Schultern.
Seine Augen leuchteten wie ein Sternenhimmel, als er
schmunzelnd ergänzte: „Vergiss nicht, dass du heute die
beste Ausgabe von dir bist, die es je auf Erden gab. Peter
Allmend ist nur ein Name, der ebenso verwehen wird
wie all die anderen, aber die innere Reife, die du dir auf
deinem Erdenweg erworben hast, gehört wirklich dir
und wird dich weitertragen."

„Ich habe in diesem Zusammenhang übrigens eine
Frage, die mich seit einiger Zeit beschäftigt. Ich hatte
jetzt mehrmals nachts sehr ungewöhnliche Erlebnisse. Ich nenne sie immer meine „historischen Träume".
Darin erlebe ich mich in früheren Inkarnationen, kann
die Menschen um mich mit Namen benennen und al-

les genauestens wiedererkennen; aber dann sage ich in dieser Zeit, die vielleicht fünfhundert oder tausend Jahre zurückliegt, Sätze, die eindeutig meinem heutigen Bewusstsein entspringen. Ich hätte sie als junger Grieche oder als Mönch in Umbrien so niemals sprechen können. Es ist so, als wollte ich bestimmte Taten oder Handlungen den Betroffenen erklären oder mich für mein Verhalten entschuldigen. Es ist ein sehr seltsames Geschehen."

Shimon hatte die ganze Zeit seine Hände auf meinen Schultern belassen und mir höchst aufmerksam zugehört. Jetzt nahm er sie herunter, blickte auf die gemächlich an uns vorbeifließende Moldau und wandte sich mir erst nach einigen Minuten wieder zu.

„Du hast einen ganz außergewöhnlichen, gerade erst beginnenden Prozess beschrieben. Seit einiger Zeit lassen die „Hüter des Karma" eine neue Auflösung karmischer Wurzeln in der Vergangenheit zu. Jenes Karmas, das man im esoterischen Sprachgebrauch als „noch nicht reifes Karma" bezeichnet.

Du musst dich, um dieses Geschehen wirklich zu verstehen, vom normalen Zeitverständnis lösen. Zeit existiert in der Geistigen Welt nicht in der Form, wie wir sie auf Erden wahrnehmen. Alle karmischen Strukturen sind dort *gleichzeitig* vorhanden. Es sei denn, wie gesagt, sie sind für eine Inkarnation bereits in den Lebensplan einer Menschenseele eingepflanzt. Alles, was noch nicht zur Formebene herabgestiegen ist – kann verändert werden. Allerdings nur von den jeweiligen Verursachern! Zumindest erlauben die „Hüter" dies seit Kurzem.

Ich habe den Eindruck, sie wollen es damit den älteren Seelen auf Erden erleichtern, alte karmische Bande bereits auf den inneren Ebenen zu lösen. Was du in Liebe aufgelöst hast, von dem bist du wahrhaft befreit. Die Liebe, die du aus deinem heutigen Bewusstsein heraus ausstrahlst, verwandelt die alten Missetaten, vergibt und verzeiht – was du damals nicht konntest – und befreit karmische Schuldner und Gläubiger gleichzeitig!

Es ist eine Karma-Auflösung durch Liebe, wie es sie so bisher noch nicht gegeben hat. Ich muss gestehen, dass ich nicht glaube, schon wirklich ganz verstanden zu haben, was diese Auflösungsmöglichkeit für die Menschheit wirklich bedeutet. Die körperliche Hülle kann doch sehr einschränkend sein für das Bewusstsein."

Dabei hatte er an seinem Mantel gezogen, so als wolle er die Begrenzung ein wenig lockern.

„Wir sind heute weit in die Vergangenheit zurückgereist; doch manchmal ist es wichtig, die Wurzeln zu erkennen, um die Früchte zu verstehen – die süßen wie die bitteren.

Aber jetzt wollen wir in das ruhelose Prager Leben zurückkehren!"

Begegnung

Wir hatten den Tag bisher in relativer Stille verbracht. Weder auf dem Kleinseitner Platz noch auf der Kampa-Insel war ein besonders hohes Tourismus-Aufkommen zu verzeichnen gewesen. Doch schon als wir uns dem Kleinseitner Brückentor näherten, begann der Menschenstrom spürbar anzuschwellen.

Erstaunlicherweise schien dies Shimon nicht im Geringsten zu stören. Als würde das turbulente Treiben von heute den Sieg über die Dämonen von gestern signalisieren.

„Manchmal kommt mir der verwegene Gedanke, als müsse Spinoza so eine wogende Menschenmasse im Sinn gehabt haben, als er seine Substanz-Lehre verfasste. So wie in dieser das einzelne Gesicht nahezu verschwindet, nicht mehr ansprechbar wird, so nahm er Gott seine Anredbarkeit, seine Gegenwart als persönliches Gegenüber.

Wenn man die *Person* jedoch auslöscht, ist es bedeutungslos, ob noch irgendeine Substanz bestehen bleibt. Sie ist bezugslos – und daher un-wesen-tlich."

Ich blickte ihn etwas verwundert an ob dieses Ausfluges in die jüdische Abteilung der Philosophiegeschichte. Der Sprung von den Touristenmassen, die auf die Kleinseite strebten, zur Substanz-Metaphysik eines Spinoza erschien sogar mir etwas gewagt.

„Entschuldige, aber es ist im Grunde viel einfacher, als ich es formuliert habe. Für mich hat jede Begegnung mit einem Menschen, einem Tier oder einem Gegenstand eine verborgene Bedeutung. Manchmal entschlüsselt sich dir die Bedeutung der Begegnung nicht gleich auf Anhieb, doch nach einigen Stunden oder sogar Tagen erkennst du, dass das eine Wort oder die eine Bemerkung nur für dich bestimmt waren. Ich bin sicher, so etwas ist dir auch schon häufig widerfahren."

„Dieses Phänomen ist mir in der Tat auch geläufig. Es kann sogar auftreten, wenn ich nur der Dritte bin und gar nicht direkt Teil der Begegnung. Dann fällt so ein Wort im Bus, im Zug oder im Flugzeug. Manchmal denke ich: Das hat dir doch jetzt ein Engel eingegeben."

Shimon schmunzelte.

„Vielleicht war es genau so. Wir vergessen immer wieder, obwohl wir beide es doch besser wissen, wie nahe uns unsere feinstofflichen Freunde sind.

Die Hand, die dich kurz zu halten scheint, obwohl niemand in deiner Nähe steht, während der LKW bei Rot über die Ampel donnert; oder die Kraft, die dich bremsen lässt, obwohl du die drohende Gefahr noch nicht einmal wahrnehmen konntest.

Wir sind nie ohne Schutz. Und wahrlich, es fällt nicht ein Haar vom Haupt eines Sperlings, ohne dass Gott es will."

„Excuse me Sir, would you be so kind to take a photo of us?"

Die blonde junge Skandinavierin hatte sich instinktiv den Richtigen ausgesucht für ihre Bitte. Mir hätte sie ihren kleinen digitalen Zauberkasten erst einmal in seiner Handhabung erklären müssen; aber Shimon erfüllte problemlos ihren Photowunsch und dirigierte sie für ein zweites Bild derart perfekt, dass die beiden attraktiven Schönheiten auch noch vom Hradschin überwölbt wurden.

Sie dankten ihm überschwänglich, winkten uns zu und waren schon weiter auf ihrem Zug durch Prag.

„Das Leben ist von einer unbezwingbaren Kraft. So wie das kleine Blümchen hier sich durch die Steine der

Brücke zwängt und behauptet, so wird kein Diktator und kein noch so scheinbar übermächtiges System die Menschen in ihrem Streben nach Glück unterdrücken können.

Der Dalai Lama hat es einmal sehr schön zum Ausdruck gebracht, als er sagte, bei allen Unterschieden könnten sich die Menschen doch auf eine Gemeinsamkeit einigen: „Alle Menschen streben nach Glück!" Auf dieser Grundlage kann man sich verständigen."

„Vielleicht können wir IHN überhaupt nur in dieser Begegnung mit einem DU finden?"

„Du sprichst auf unseren großen Martin Buber an, der mir wirklich sehr am Herzen liegt und dessen wahre Geistesgröße erst im Ansatz erkannt worden ist.

Buber war ein körperlich kleiner Mann, aber ein Riese im Reich des Geistes. Einige seiner Gedanken sind nicht mehr Philosophie, sondern schon fast Offenbarung.

Die Erkenntnis, nur im Du eine tiefere Enthüllung des unendlichen Gottes erfahren zu können als jene, die im eigenen Ich möglich ist, kennt nicht ihresgleichen. Jahrtausendelang haben die Mystiker gelehrt, man könne Gott nur im eigenen Inneren finden – und sie hatten Recht.

Doch dann kam Buber und lehrte: Wenn ihr aber mehr über IHN erfahren wollt, dann geht wieder nach draußen und sucht ein Du; denn nur in diesem Du zeigt sich euch Gott auf eine Weise, die er euch in euch allein nicht zeigen könnte. Der Gott im Du ist ein anderer Gott als der Gott, den ihr in euch gefunden habt – und ist doch derselbe.

Nur in der Begegnung, in der unendlichen Fülle möglicher Begegnungen, können wir uns der UNENDLICHEN FÜLLE Gottes annähern. Was für eine Verheißung!"

Shimon lehnte sich an die Brücke und blickte lange schweigend auf das Wasser.

Heilung

Wir gingen langsam über die Karlsbrücke in Richtung Altstädter Ring zurück, als uns eine offensichtlich stark angetrunkene Gruppe schottischer Kegler, darauf deutete zumindest ihr „Aberdeen Bowling 1909" T-Shirt hin, irgendein Vereinslied grölend, entgegenkam. Sie bewegte sich im Laufschritt, in eingehakten Zweiergruppen hintereinander. Der letzte der 12er-Gruppe, deutlich kleiner als sein Vordermann und mit erheblichen Problemen, sich auf den Beinen zu halten, übersah im Vorwärtstorkeln einen kleinen Collie auf der rechten Seite, den sein älteres Frauchen nicht mehr rechtzeitig in Sicherheit bringen konnte, und trat diesem, wohl unabsichtlich, auf eines seiner Pfötchen.

Der Kleine jaulte voller Schmerzen auf, und als sein Frauchen ihn endlich aus der Gefahrenzone gebracht hatte, schrie sie der Keglertruppe noch etwas hinterher, das ich nur als „Mörder" deuten konnte.

Empörte Rufe wurden von vielen Seiten laut, während die ältere Dame mit ihrem leidenden Hund um die Wette kreischte.

Shimon ging ruhig auf sie zu und bot an, dem Hund zu helfen. Die völlig desorientierte Dame konnte in ihrer geistigen Verwirrung gar nichts mehr entscheiden, doch ihr Hund hatte die dargereichten Hände Shimons längst erklommen und seinem Frauchen die Entscheidung abgenommen.

Shimon setzte sich an den Brückenrand, streichelte mit der rechten Hand den zitternden kleinen Collie und umfasste mit der Linken die arg gequetscht aussehende Pfote. Der Hund schien sich in Shimons Schoß sofort geborgen zu fühlen und wurde ganz ruhig. Shimon schloss für einige Minuten die Augen und konzentrierte sich ganz auf das hellbraune Fellknäuel, das sich ihm voller Hingabe anvertraut hatte.

Nach einer Weile öffnete er die Augen wieder und setzte den kleinen Vierbeiner behutsam auf die Brücke. Dieser machte einige ängstliche Versuche, bis er überzeugt war, dass er seinen Pfoten wieder vollumfänglich vertrauen konnte.

Sein Frauchen stürmte enthusiastisch auf Shimon zu, umarmte ihn überschwänglich und rief voller Begeisterung: „Sie sind ein wunderbarer Mensch! Ich danke Ihnen! Ich danke Ihnen vielmals."

Shimon ließ es geduldig über sich ergehen, verabschiedete sich und ging dann mit mir weiter.

„Du hättest ihm auch helfen können", sagte er mit leicht vorwurfsvollem Blick.

„Vielleicht, aber du warst doch da! Wie hast du ihn behandelt?"

„Ich bin gar nicht mehr da, wenn ich eine Heilbehandlung gebe. Eine Heilung aus dem „Ich will" heraus ist immer mit der Möglichkeit behaftet, fehlerhaft zu handeln oder ein Gesetz zu missachten.

Bei einem verletzten Tier könntest du alle Gesetzmäßigkeiten des Heilens im Grunde unberücksichtigt lassen und nur aus der Liebe heraus handeln, aber man ist auch selber ein wenig geprägt.

Ich übergebe das Leiden immer vollständig dem göttlichen Heilungsfeld. Manchmal, wenn es darum geht, einem Menschen durch ein Wort oder einen Satz etwas zu übermitteln, dann bekomme ich bisweilen ein Bild oder eine Lebenssituation des betreffenden Menschen gezeigt.

Meine vorrangige Aufgabe liegt nicht in einem Wirken als Heiler, aber manchmal steht niemand anders zur Verfügung, dann schickt der Himmel halt uns. Er nimmt eben die Werkzeuge, die er vorfindet. Wir wissen ja beide, dass es nicht wir sind, die heilen."

Erleuchtung

Wir kehrten durch den Altstädter Brückenturm zurück und gingen durch die kleinen Gässchen mit ihren unzähligen Wechselstuben Richtung Stadtmitte. Unterwegs stießen wir auf fast jede große Weltmarke im Bereich Mode und Schmuck, bekamen von der Hare-Krishna-Gemeinschaft ein „Prasad", eine „geweihte Speise", für die sich Shimon mit zusammengefalteten Händen vor der Brust bedankte, und zum Schluss drückte uns vor der Teynkirche noch ein strahlendes Gesicht einen Prospekt mit dem Aufdruck „Yoga und Erleuchtung" in die Hand, das einen Vortrag ihres „Meisters" in Prag ankündigte.

„Gehen wir in die Teynkirche, um diese Zeit ist sie relativ leer. Ich glaube, ein paar Minuten Stille wären jetzt segensreich."

Shimon setzte sich in eine Seitenbank und warf einen Blick auf den mitgenommenen Prospekt.

„Sie unterliegen einem tragischen Missverständnis, und das nicht nur hier, sondern auch in Indien selbst. Ihre wunderbaren vedischen Rishis waren viel zu groß, um den eigenen Innengeist (Atman) mit dem Weltgeist zu verwechseln.

Natürlich ist der Spruch „Du bist Brahman" im Prinzip richtig; aber nur, wenn du das Prinzip auch verstanden hast. Ich kann mit ebensolcher Berechtigung sagen, die Blumen dort vor dem Altar seien Gott.

Wenn die verborgene Gegenwart des schöpferischen Weltgeistes nicht alles im Dasein hielte – dann gäbe es nur das NICHTS.

Es käme aber niemand auf den seltsamen Gedanken, die Blumen anzubeten. Erst indem wir die Menschenstufe erreichen, kommen, zumeist aus der Angst vor der Vergänglichkeit geboren, solche seltsamen Vergottungsvorstellungen auf. Der „Meister" ist göttlich, der Buddha ist göttlich, Krishna ist göttlich – und viele weitere natürlich auch.

Diese Form des „Göttlich-Seins" war dem jüdischen Denken von jeher fremd. Nicht, dass es grundsätzlich an der Tiefe der Erfahrung des anderen zweifeln würde – nur an der Interpretation.

Die große Glückseligkeitserfahrung – Ananda – ist ebenso vergänglich wie alles andere auf diesem Planeten. Schon der Ablösungsprozess vom physischen Körper, auch wenn er sehr bewusst erfolgt, löst sie auf. Sie war in der Form gespeichert!

Auf der inneren Ebene, vor allem, wenn wir einmal den astralen Bereich verlassen, stellt sich die menschliche Erfahrung ganz anders dar. Solange sich eine Seele noch über die irdische Inkarnation entwickelt, muss sie auch die Schönheit der himmlischen Welten wieder verlassen. Zumeist bleibt ihr nur ein fernes Ahnen. Eine Sehnsucht, welche die Seele stets zu ihrem Ursprung zurück ruft. Es ist eine Erinnerung an das verlorene Paradies."

„Wie verstehst du denn in diesem Zusammenhang die Idee des „Avatars" oder das berühmte „Bodhisattva-Ideal"?"

„Die Avatare, wenn wir denn einmal dieses oft miss-brauchte Wort verwenden wollen, in Kenntnis dessen, wer schon alles zum ,Avatar' ernannt worden ist, sind Boten des Lichtes, die bestimmte große Gedanken-formen auf Erden verankern, die den Fortschritt der Menschheit inspirieren. Sie sind karmisch nicht mehr an die Erde gebunden und kommen freiwillig. Nicht alle geben sich übrigens in der Öffentlichkeit zu erkennen.

Was die „Bodhisattvas" anbelangt, so ist es natürlich ein edler Gedanke, wenn man gleichsam freiwillig auf seine Erleuchtung verzichtet, um seinen unwissenden Erdengeschwistern zu helfen.

Doch Vorsicht! Hier versteckt sich auch wieder ein „Ich

will". Es steht nicht in der Macht des Menschen, auch nicht in jener der sogenannten „Erwachten" oder „Erleuchteten", über ihren Inkarnationsweg zu entscheiden. Wir alle; und ich meine *alle*, die über den irdischen Pfad zurückwandern, haben den „Hütern des Karma" zu gehorchen. Das klingt nur irdischen Ohren ein wenig nach Obrigkeit oder Diktatur. In den Innenwelten kommt dir gar nicht dieser Gedanke, du wüsstest die Gestaltung deiner künftigen Lebenspläne besser als jene, welche die gesamte Entwicklung der Erdkette leiten.

Es gibt keine „unvergängliche Glückseligkeit", weil das Leben unendlich ist und du von Herrlichkeit zu Herrlichkeit weiterwanderst. Allerdings würdest du die Entwicklung, die einst, nach der Überwindung der Materie, auf dich wartet, zurecht als „glückselig" bezeichnen. Dazu mag es bereits genügen, die Enge der körperlichen Hülle abzulegen.

Wir landen immer wieder beim Punkt der Demut: Zu erkennen, wo der Mensch im großen kosmischen Plan *wirklich* steht."

Gedankenlesen

Wir verließen die Teynkirche, reihten uns noch ein wenig in die Schar der Touristen vor dem Uhrenturm ein und verschwanden dann in den kleinen Gassen hinter dem Altstädter Ring. Shimon wollte mich zum Abendessen einladen, bei einem „guten Italiener".

„Es gibt viele engagierte junge Leute, die inzwischen die leichte Mittelmeerküche nach Prag gebracht haben. Die „Ente mit Knödeln und Kraut" verliert auch hier immer mehr einstige Bewunderer. Die Enten wird es freuen!"

Das kleine Weinlokal lag etwas abseits der großen Touristenwege, die von der Prager Stadtverwaltung geschickt gesteuert werden, um den höchstmöglichen

Umsatz in die Kasse zu bringen. Natürlich zum höchsten Wohle aller...

Shimon hatte eine gute Wahl getroffen. Die Antipasti schmeckten vorzüglich, wenngleich die Artischocken doch sehr an Fenchel erinnerten. Der Barolo rief für seine Qualität einen durchaus anständigen Preis auf – vor allem für Prager Verhältnisse.

Ich war angenehm überrascht, wie sehr Shimon das Essen und den Wein genoss. Irgendwie hatte ich mir sein alltägliches Leben etwas spartanischer vorgestellt.

„Mein lieber Peter, du hegst ja noch Vorurteile! Warum sollte ich die Schönheit der Erde und ihrer Früchte nicht genießen? Das jüdische Volk hat seit jeher mehr Lebensfreude gepflegt als andere Religionen."

„Du hast in meinen Gedanken gelesen?"

„Du hast sie mir geradezu in mein Weinglas gestopft!"

Shimon lachte, ehe er fortfuhr: „Die Fähigkeit, die Gedanken eines anderen Menschen zu lesen, scheint bei den Tischgesprächen über ein „Was wäre wenn?" ja ziemlich häufig vorzukommen. Wahrscheinlich ist es reine Neugierde, die dieses Thema so populär macht.

Es steht nicht zu Unrecht eine hohe Hürde vor dem menschlichen Bewusstsein, in die Gedanken eines anderen einzudringen. Die einzigen Eigenschaften, die ihm über diese Hürde hinweg helfen könnten, wären Demut und der Wunsch zu dienen. Wie weit sind diese Tugenden jedoch in unseren Gesellschaften verbreitet?

Stelle dir die gegenwärtige Menschheit mit der Fähigkeit des Gedankenlesens vor. Sie würde vollständig zusammenbrechen! Dabei geht es nicht um die immer wieder zwanghaft herangezogenen „Seitensprünge". Das ist eher eine Nebensache. Viel entscheidender ist der Umstand, dass nahezu jeder vor seinem Gegenüber seine wahren Gefühle verbirgt – um ihn nicht zu verletzen, zu erschrecken oder sich zum Feind zu machen.

Die Gabe, sich anders zu äußern oder darzustellen, als es der inneren Wirklichkeit entspricht, ist für die Menschheit auf ihrer gegenwärtigen Entwicklungsstufe geradezu ein Segen!

Die Ausbildung höherer Fähigkeiten, was der Osten „Siddhis" nennt, wird nur dann erfolgen können, wenn die Menschheit ethisch *erheblich* weiter vorangeschritten ist. Der Hinweis, man müsse erst mehrere Schritte in der Entwicklung seiner Persönlichkeit zum Guten leisten, bevor man einen in Richtung der Ausbildung höherer Fähigkeiten gehen könne, ist wahrlich angebracht.

Abgesehen davon ist es ja nicht so, dass feinfühlige Menschen nicht erspüren könnten, was in einem Raum oder in einem anderen Menschen vor sich geht. Wenn du als Anwalt in einen Besprechungsraum kommst, in dem Minuten vorher noch ein aggressiver Chef seine Mitarbeiter zur Schnecke gemacht hat, dann wirst du vor der Atmosphäre geradezu zurückschrecken; und wenn ein Mandant dich offensichtlich dreist anlügt, dann wirst du schon nach wenigen Minuten das Gefühl haben, hier stimme etwas nicht.

Die „Gedankenwoge" im Besprechungsraum oder die „Gedankenformen" des Mandanten sind real existierende Kräfte. Sie wahrzunehmen, liegt längst im Vermögen vieler Menschen.

Die spirituelle Entwicklung schreitet voran, wenn auch langsam! Darauf stoßen wir mit diesem wundervollen Barolo an."

Shimon war also auch zu einer feinsinnigen Ironie und zu einem hintergründigen Humor fähig. Er gefiel mir immer besser.

Weltlichkeit

Wir hatten uns am nächsten Morgen vor der berühmten astronomischen Uhr am Altstädter Ring verabredet. Shimon stand schon inmitten einer großen Schar photographierender Touristen und blickte nach oben.

„Ich mag den Altstädter Ring. Weniger wegen seiner beeindruckenden Größe und seiner Bauwerke, sondern weil er das ganze Spektrum des Menschlichen offenbart.

Die berühmte Uhr verbindet Astronomie und Astrologie – einst eine segensreiche Gemeinschaft. Die Aufklärung hat unbestreitbar ihre Verdienste, um die klerikale Bevormundung zu beenden. Zugleich hat sie die Wissenschaft ohne die unbedingt notwendige und richtungsweisende Inspiration zurückgelassen. So etwas führte schon immer zur Erfindung verheerender Waffen und zur Überbewertung der Maschine. Die Werte verschieben sich – zu Ungunsten des Menschen.

Siehst du die großartigen Figuren von Tod und Leben? Der Tod, auf der linken Seite, stand für das „memento mori", das Wissen um die Vergänglichkeit des Lebens. Es ist in Vergessenheit geraten, denn auch hier hat die ‚falsche' Seite das Spiel gewonnen – der Mandolinenspieler auf der rechten Seite. Er steht, mit heutigen Worten, gewissermaßen für die Spaßgesellschaft.

Die beiden Figuren wurden durchaus wohlüberlegt nebeneinander angebracht. Lebensfreude ist etwas Wunderbares, sie darf nur nicht in die Oberflächlichkeit und Seinsvergessenheit führen. Wenn die Frage „Warum sind wir hier?" nicht mehr gestellt wird, gewinnen jene Kräfte die Oberhand, denen alles daran liegt, dass eben genau diese Frage *nicht* mehr gestellt wird."

„Haben die Erbauer wirklich solche Gedanken gehegt?"

Ich war mir nicht sicher, ob Shimon nicht zu weit ging in seiner Interpretation.

„Natürlich hast du Recht. Meine Worte interpretieren Geschichte; aber die Grundidee ist präzise. Der „Tod" und der „Mandolinenspieler" stehen für Jenseits und Diesseits. Der Mensch in seiner Gefahr, der Weltlichkeit zu erliegen, bedarf unbedingt des „memento mori". Zumal die Gier, über die wir ja schon sprachen, alle Hebel in Bewegung setzen wird, um der Weltlichkeit zum Sieg zu verhelfen. Wer einmal erkannt hat, dass ihm nur das gehört, was er bei einem Flugzeugabsturz mitnehmen kann, der darf den Klängen des Mandolinenspielers voller Aufmerksamkeit und Freude lauschen."

„Während du sprachst, fiel mir ein Satz des großen Baalschem ein, der einmal die Aussage „die Wahrheit geht über die Welt" mit einer ungewöhnlichen Deutung unterlegte. „Die Wahrheit geht über die Welt, weil sie von Ort zu Ort verstoßen wird und weiterwandern muss." Diese Interpretation hat mich ungemein beeindruckt."

„Sehr schön! Das passt wunderbar zu unserem Thema und könnte ergänzt werden mit einem Ausspruch des Rabbi Mendel von Kozk: „Gott wohnt, wo man ihn einlässt." Es liegt alles in unseren Händen."

Wir gingen vom Rathaus ein paar Schritte auf die Teynkirche zu, wo die Sonne auf der goldenen Madonnenfigur in der Mitte zwischen den beiden schwarzen Kirchtürmen funkelte.

„Hinter uns am Turm der Tod, der für die Sterblichkeit steht, über uns die Madonna, die Geburt und Neuanfang verkörpert. Mehr Archetypisches geht wohl nicht.

Wären wir im Osten, würden wir auf Kali oder Tara blicken. Die Formen wechseln, die Inhalte sind allgemein menschlich.

Ich bin mir sicher, dass dieser ungewöhnliche Platz viele Besucher unmerklich auf einer inneren Ebene beeinflusst.

Aber erweisen wir unsere Ehre der beeindruckenden Statue des Maharal vor dem neuen Altstädter Rathaus."

Du musst auch den Tisch erlösen

Das mächtige Denkmal des Rabbi Löw ist erst gut einhundert Jahre alt. Es soll das Lebensende des großen Weisen symbolhaft darstellen.

„Als Kaiser Rudolf II. dem Maharal am 16. Februar 1592 eine Audienz gewährte, war das ein unerhörter Akt. Es war eine offizielle Anerkennung unseres Volkes, wie sie dergestalt kaum ihresgleichen in der Geschichte kennt. Doch diese Audienz entsprang natürlich nicht einem spontanen Entschluss des Kaisers. Es gab zahlreiche Verbindungen zwischen dem Hof und den einflussreichen – und vor allem wohlhabenden – Juden Prags.“

Shimon zog bei diesen Worten beide Augenbrauen hoch, um die nahezu klassische jüdische Rolle des

Geldbeschaffers zu betonen, die es in unterschiedlicher Form an fast allen europäischen Höfen so gegeben hatte. Manchmal keinesfalls zum Nutzen der Juden, wenn es dem Schuldner einfacher erschien, sich des Gläubigers zu entledigen, als seine Schulden zu begleichen.

„Der Maharal entsprach in keiner Weise dem Klischee des „Geldjuden". Er war einer der gebildetsten Menschen seiner Zeit, der weitläufige Kontakte unterhielt und vor allem eines war – eine tiefe Seele.

Prag war damals auch der spirituelle Mittelpunkt des Reiches, und die Kontakte mit den englischen Astrologen und Alchemisten sowie mit den kreativsten Köpfen in Wissenschaft und Philosophie aus allen Teilen Europas waren beeindruckend.

Wenn die Weltgeschichte anders verlaufen wäre, hätte der Maharal einen wunderbaren Beitrag zur Einheit Europas leisten können. Wir sind heute teilweise weniger weit als vor vierhundert Jahren, da es damals eine

Gruppe von großen Geistern gab, die sich einem humanistischen, zum Teil sogar einem spirituellen Ideal verpflichtet sahen.

Es gäbe noch viel über den großen Rabbi zu sagen; aber wir wollen uns der Gegenwart widmen."

Shimon war wieder in Richtung Altstädter Ring zurückgegangen und strebte vor einer kleinen Gaststätte auf einen Tisch zu. Aufgrund der angebrachten Wärmestrahler konnten wir zu dieser Tageszeit problemlos draußen sitzen.

Shimon bestellte einen Salat und etwas Brot mit Käse sowie ein dunkles Bier. Er aß langsam und schien in Gedanken versunken, als er plötzlich zu mir aufsah und mich fragte:

„Du kennst den berühmten Satz des Baalschem, wonach du auch den Tisch erlösen musst, an dem du sitzt. Wie verstehst du ihn?"

„Soweit ich seinen Ausführungen zu folgen glaube, ging er davon aus, dass in unserem Umfeld „gefallene Funken" verborgen liegen, die es zu erlösen gilt."

„Durchaus treffend. Das berührt den Kern seines Anliegens. Er meinte dies aber sehr konkret." – Und mit diesen Worten ergriff Shimon meine linke Hand.

In diesem Moment begann der Tisch sich in einem feurigen atomaren Regen aufzulösen – und wir mit ihm. Ich wollte vor Schreck laut aufschreien, aber Shimon flüsterte mir mit leiser Stimme zu: „Bleibe ruhig. Niemand außer uns sieht, was du gerade siehst."

Es schien ein überirdischer, von roten und violetten Tönen gefärbter Energiestrom durch uns, durch den Tisch, die Stühle, das Essen, die Getränke und alle Bestecke zu fließen. Alles war durchlichtet. Alles war mit allem verbunden.

Ich weiß heute nicht mehr genau, wie lange dieses einzigartige Geschehen anhielt; doch irgendwann zog

Shimon seine Hand zurück – und der Tisch war wieder ein normaler Tisch.

Ich war zutiefst erschüttert.

„Wie, um Himmels Willen, hast du das gemacht?", brachte ich schließlich hervor.

„Gemacht? Was meinst du mit *gemacht*? Ich habe dir nur gezeigt, was *ist*!

In allem, was uns umgibt, liegen Funken, die wir anheben und erlösen müssen. Deswegen ist es so wichtig, achtsam und liebevoll zu leben.

Die Engel vermögen durch ihre Hilfe unsere Herzen anzuheben, die Natur können nur wir anheben – das Essen, Messer und Gabel, die Möbel, die wir verwenden. Wenn ich gelegentlich sage, wir leben in einer unerlösten Welt, dann beziehe ich in diese Aussage alle Elementarreiche mit ein.

Das ist der tiefere Sinn der Worte des großen chassidischen Meisters. Die ganze Erde schreit nach Erlösung."

Ich stand noch immer ganz im Bann des soeben Erlebten und wusste nichts Tiefsinnigeres zu sagen, als Shimon zu fragen: „Wie soll das denn konkret im Alltag verwirklicht werden?"

„Das Wichtigste ist: Du musst das Böse in deinem Herzen verbrennen! In uns liegt der Schlüssel zur Erlösung der Welt.

Wenn du mir einen Löffel, einen Schuh oder einen Kugelschreiber gibst, dann sage ich dir, was sein Besitzer für ein Mensch ist. Die Gegenstände tragen seine Signatur!

Wir imprägnieren auf einer feinstofflichen Ebene alles, mit dem wir umgehen. Dieses Prinzip zogen manche Alchemisten der ehrwürdigen Schule heran, wenn sie zum Heilen oder zum Schutz Amulette anfertigten. Sie gaben in diese einen echten, nachhaltig wirksamen Segen hinein. Dies war kein kindischer Aberglaube, sondern angewandtes tiefes Wissen. Es waren allerdings nur wenige, die echte Eingeweihte in der Arbeit mit den Metallen waren. Das meiste, was damals auf den Markt kam, war billiges, nutzloses Blech. Heute kenne ich niemanden mehr, der davon etwas versteht."

„Ich muss bekennen, dass ich davon heute zum ersten Mal höre. Ich habe dieses ganze Talisman-Unwesen für reine Geschäftemacherei gehalten."

„Damit hast du ja auch weitgehend Recht. Mir ging es nur darum, dir zu zeigen, was es mit der „Transformation der Materie" in Wahrheit auf sich hat. Einige der Meister-Alchemisten waren zu den gleichen tiefen Einblicken gelangt, die der Baalschem aufgrund seiner Verwirklichung gewonnen hatte.

Vergiss nie: Es ist unsere Aufgabe, den Tisch zu erlösen!"

Ich kann heute nur bestätigen, dass ich nach diesem Tag meine Bestecke nie mehr so angefasst habe wie früher. Überhaupt gehe ich mit Essen und den Dingen in meiner Umgebung inzwischen ganz anders um, seit ich gesehen habe, dass sie letztlich nur gebundener Geist sind, der befreit werden kann.

Der Golem

"Bevor wir gehen, lasse mich noch mit einer unsinnigen Geschichte aufräumen. Der Maharal hat nie den Golem erschaffen. Die ganze Legende ist viele, viele Jahre später in die Welt gesetzt worden. Gustav Meyrink hat sie dann in eine spannende Geschichte gekleidet. Aber es bleibt eine Geschichte.

Jede Gemeinschaft hat gewissermaßen eine eigene Volkskunde. Die Golem-Story gehört zu meiner. Ich finde zudem, dass sie heute, da Roboter in vielen Teilen der

Gesellschaft die Herrschaft zu übernehmen beginnen, durchaus aktuell ist. Der Golem gerät ja bekanntlich außer Kontrolle und richtet viel Unheil an. Wir stehen mit der Digitalisierung heute an einer Schwelle, wo ich eine ganze Armee von Golems am Horizont aufmarschieren sehe. Ich bin nicht sicher, ob wir die Geister, die wir riefen, wieder loswerden."

„Ich möchte fast wetten, dass irgendeiner dieser Roboter-Fabrikanten irgendeine seiner Maschinen „Golem" getauft hat."

„Die Wette wirst du vermutlich gewinnen. Aber ich möchte noch ein paar ernsthafte Gedanken anschließen. Es gab in der Geschichte meines Volkes durchaus auch etwas, was Historiker die „magische Kabbala" genannt haben. Seit dem Kommen des Baalschem und des echten Chassidismus ist die Kabbala zur Ethik transformiert worden. Alles Wissen muss dem Dienst an der Menschheit untergeordnet werden. Magie oder gar Zauberei kamen darin nicht vor. Und glaube mir, ich weiß, wovon ich spreche.

Natürlich gibt es weite Kreise eines orthodoxen Judentums, für die das Ritual oder das Gebot wichtiger als der Mensch sind. Wir versuchen, in der hiesigen Gemeinde die richtige Reihenfolge zu beachten. Aber sagt eine indische Sekte, die im Namen Kalis mordet, etwas über die alte vedische Religion aus? Und was hatte die Inquisition noch mit Jesus gemein? Wir müssen danach trachten, an den Ursprung einer Offenbarung zu gelangen und freizulegen, was davon heute noch den Menschen dienen kann.

Alle Menschen haben Zugang zu Gott; jeder aber einen anderen! Es hängt am Bewusstsein, aber vor allem an der Liebe im Herzen. Nur die Liebe öffnet die Zugänge.

Das Wissen um die Mannigfaltigkeit der Wege Gottes, des Allumfassenden, des Unendlichen, lehrt uns Toleranz. Mein Weg kann nie der deinige sein. Aber in unserer Herzensverbundenheit wird es uns möglich, das auf unserem eigenen Weg Erfahrene zu teilen. Dadurch wachsen wir beide."

Nach dem gerade mit Shimon Erlebten konnte ich mich des Eindruckes nicht erwehren, der Einzige, der gewachsen war, sei ich gewesen.

„Nein, lieber Peter, ich wachse auch durch Lehren. Ich sehe deine Arbeit, deine Bücher, dein aufrichtiges Bemühen – und erkenne einen Weg, der mir vorher unvertraut war.

Es gibt eine bezeichnende Überlieferung aus dem Leben des „Sehers von Lublin". Eines Tages kamen Schüler eines berühmten Rabbis zu ihm und waren zutiefst verwundert, dass der große Meister ganz andere Rituale und Gebräuche pflegte als ihr verehrter Lehrer. Da riet er ihnen: „Was wäre das für ein Gott, der nur einen einzigen Weg hätte, auf dem man ihm dienen kann."

Ich finde, schöner kann man es nicht ausdrücken!"

Gebet

Shimon wollte mich vor dem Ausgang des jüdischen Friedhofs treffen. Es überraschte mich nicht mehr, durch den Ausgang einzutreten.

Er trug wieder seine purpurfarbene Kippa, und ich konnte mich des Eindruckes nicht erwehren, als ob er innerhalb seiner eigenen religiösen Tradition noch einmal eine andere Würde ausstrahlte. Darin wurde ich noch bestärkt, als ich sah, mit welcher Ehrfurcht man ihn durch das Ausgangstor des Friedhofes eintreten ließ.

Ich hatte natürlich meine Kippa mitgebracht, die deutlich stabiler auf meinem Kopf saß als die Papierversionen der Touristen, die ständig nach ihrer umherfliegenden Kopfbedeckung schnappten, wenn sie wieder einmal ein Windstoß herunter geweht hatte.

„Sie sollten die Besucher vom Tragen dieser Papier-Kippa befreien. Es entbehrt jeglicher Andacht, wenn Dutzende Leute nur umher rennen, um dieses Papierstück zu suchen. Sie verstehen ohnehin nicht, was es heißt, vor der Gegenwart des Herrn sein Haupt zu bedecken."

„Shimon hatte mir schon gesagt, er wolle mit mir zum Grab von Rabbi Löw gehen. Das lag relativ nahe beim Ausgang, weshalb Shimon auch aus ganz praktischen Gründen diesen Weg anstatt jenen durch die Pinkas-Synagoge gewählt haben mochte.

„Ich glaube, es war der menschenfreundliche Papst Johannes XXIII., der einmal gesagt hat, „nie sei der Mensch größer, als wenn er knie". Vermutlich hat er nicht nur das äußere Knien gemeint.

Wer im Gebet auf die Knie sinkt, verändert nicht nur seine äußere Haltung, er verändert vor allem seine innere Einstellung. In diesem Akt drückt er aus, was er innerlich empfindet – er ist ein erlösungsbedürftiges Geschöpf.

Beten sollte nicht mit betteln verwechselt werden; denn das Wort „Gebet" ist verwandt mit „geben" und nicht mit nehmen. Der Betende sollte nicht etwas von Gott verlangen, sondern sich seiner Güte und Weisheit ergeben. Gebete sind also nicht versteckte „Bestellungen beim Universum", wobei Universum ohnehin nur eine Umschreibung für Gott als den Geber aller Gaben ist; sondern sie münden letztlich in das Bekenntnis ein: „Dein Wille geschehe!" Im Gebet stimmt sich der Betende auf die Quelle allen Seins ein, so dass in der Stille die Gedanken Gottes in ihn einzufließen vermögen.

Der große Poet Kahlil Gibran hat in seinem Meisterwerk „Der Prophet" einen Satz über das Gebet geschrieben, der eine wundervolle Wahrheit zum Ausdruck bringt: „Wenn ihr betet, erhebt ihr euch und trefft in den Lüften jene, die zur selben Stunde beten und denen ihr nur im Gebet begegnen könnt."

Du betest also allein – und doch bist du in Gemeinschaft. Dein Geist wandert mit jenen, die dir innerlich verbunden sind, wo auch immer sie sich befinden mögen, in dieser oder in einer anderen Welt.

Ich habe es immer wieder beobachtet, wie Menschen unterschiedlichster religiöser Traditionen sich gegenseitig – oft über weite Entfernungen – im Gebet beeinflusst und spirituell erhoben haben. Du kannst auf den inneren Ebenen die Gedankenschwingungen sehen, sie verfolgen und ihr segensreiches Werk erkennen."

„Es zählt also im Gebet nicht das Wort oder der Gegenstand, ich meine die im Gebet angerufene Form der göttlichen Gegenwart, sondern nur die Tiefe der Hingabe."

„Das ist das Einzige, was wirklich zählt. Es gibt in diesem Zusammenhang eine tiefsinnige chassidische Erzählung: „Ein Rabbi kommt sehr spät aus der Synagoge zurück, und seine Frau wartet bereits seit Langem mit dem Essen auf ihn. Auf die Frage, wo er denn so lange gesteckt habe, antwortet er, er habe die vielen Gebete anheben müssen, die in der Synagoge steckengeblieben seien."

Das klingt nur im ersten Moment humorvoll, drückt aber vielmehr eine betrübliche Wahrheit aus: Den meisten gesprochenen Gebeten wohnt nicht die Kraft inne, um in eine höhere Sphäre aufzusteigen. Der ausgehenden Kraft entspricht aber die zurückkehrende. Wie sollen die Engel aus einer nahezu völlig verblassten Gedankenform einen Segen für die Menschheit gestalten?"

„Das *Gesetz der Entsprechung* im Zusammenhang mit dem Gebet."

„Exakt. Die Engel beschenken uns ohnehin reichlich, aber sie bedürfen des menschlichen Beitrages.

Das Gebet bedeutet Erhöhung über die irdische Gebundenheit hinaus in ein Reich des Lichtes und der Liebe. Gebet bedeutet die Verwandlung vom Ich zum Du, ohne sich selbst als Ich zu verlieren. Dieses Geschehen ist immer geheimnisvoll, vollzieht sich allein im Herzen des Betenden. Daher fährt der „Prophet" mit Recht fort: „Ich kann euch nicht lehren, wie man mit Worten betet. Gott hört nicht auf eure Worte, außer wenn Er selber sie durch eure Lippen spricht." Das wahre Gebet ereignet sich also dann, wenn im Gebet das Ich des Betenden eins wird mit dem DU, dem das Gebet zugewandt ist.

Ich kann mir fast nicht vorstellen, dass Gibran diesen Satz ohne einen Einfluss seiner jüdischen Freunde schreiben konnte. Im Chassidismus heißt es: „Gott will zu einer Welt kommen, aber er will zu ihr durch den Menschen kommen." Wie ähnlich klingt doch der „Prophet", der ja auch keinem Volk zugehörig ist, sondern ein „Prophet" aller Völker und Gläubigen ist."

Shimon hatte sich schon auf den Weg zur Grabtumba von Rabbi Löw begeben, als er im Gehen noch hinzufügte: „Es gibt natürlich auch unter unseren Brüdern und Schwestern im Osten viele, die in die Tiefe des Gebetes eingedrungen sind. Ich mag den Humor und die Weisheit Gandhis, der einmal gesagt hat:

„Herr, möge ich dankbar sein in dem Wissen,
dass du meine Gebete auf DEINE Weise beantwortest,
und nicht auf die meinige."

Sehr tief erkannt!"

Das Grabmal von Rabbi Löw liegt ganz nahe an der Friedhofsmauer. Obwohl man auch ihm seine vierhundert Jahre ansieht, ist es doch deutlich besser gepflegt als die meisten anderen.

Es war weitgehend bedeckt mit kleinen Steinen oder zusammengefalteten Zettelchen, die noch in die kleinste Ritze gesteckt waren. Zu meiner großen Verblüffung legte auch Shimon einen mitgebrachten Zettel auf den rechten Bogen und befestigte ihn mit einem Steinchen.

Er musste mein Erstaunen bemerkt haben, denn er erklärte sein Handeln umgehend.

„Achte stets die Tradition, Peter. Wobei ich mit „Tradition" nicht alte und vielleicht längst überlebte Riten und Dogmen meine, sondern die lebendige Kraft, die in einer Überlieferung steckt.

Auf der inneren Ebene umgibt diese Grabtumba des Maharal ein gewaltiges Kraftfeld. Die Berichte über Heilungen oder einen gewährten Segen für ein Unterfangen sind seit Jahrhunderten nicht mehr zu zählen.

Das ist in der Grabkapelle von Franziskus oder am alten Beichtstuhl von Pater Pio nicht anders. Es ist eine universelle Gesetzmäßigkeit. Hier haben wir es keinesfalls mit den gerne herangezogenen „Einbildungen" zu tun. Vielmehr spenden diese großen Seelen noch immer einen realen Segen, der von ihrer geistigen Wirklichkeit ausstrahlt, von den irdischen Gläubigen unterstützt und von den Engeln verstärkt wird.

Die Welt schuldet den Maharals und Pater Pios großen Dank. Sie vermögen der Menschheit noch viel wirksamer zu dienen, seit sie ihre irdischen Hüllen abgelegt haben."

Shimon hatte gerade den letzten Satz beendet, als ein junges Paar mit einem kleinen Mädchen an das Grabmal trat. Wir zogen uns zurück, hörten aber im Weggehen noch, dass die beiden Italienisch miteinander sprachen. Dann legte die Frau einen Stein auf das Grab, lehnte sich zu ihrem Mann hinüber, die Tochter vor ihnen – und bekreuzigte sich.

Erlösung

Shimon hatte den Kopf gesenkt, und mir schien, als sei er angerührt von dem, was wir gerade miterlebt hatten. Ich glaube sogar, einen versteckten Segen mit seiner rechten Hand gesehen zu haben.

„Wie wir gerade beobachten durften, gelten für die großen Heiligen keine religiösen Grenzen mehr. In den Herzen vieler gibt es längst nur noch eine Religion – die Religion des Herzens."

Es war inzwischen ein wenig wärmer geworden, und erste zarte Sonnenstrahlen schoben die Nebelreste weg, die am Morgen noch diesen ungewöhnlichen Platz teilweise verhüllt hatten. Man schätzt, dass über die Jahrhunderte mehr als zwanzigtausend Personen, in mehreren Schichten übereinander, hier begraben worden sind.

„Das Judentum hat keine so ausgeklügelte Jenseitslehre, wie du sie etwa im Tibetischen Buddhismus vorfindest. Das mag damit zusammenhängen, dass die Juden trotz aller Beschwernisse immer dem Leben im Hier und Jetzt zugewandt blieben."

„Trotzdem kenne ich ein „Kabbalistisches Totenbuch" – und „Gilgul", die Seelenwanderungslehre, war stets Teil der esoterischen jüdischen Tradition."

„Damit hast du natürlich Recht; und vor allem der „Sohar" öffnet den Blick auf die jenseitige Welt. Wenn du in Jerusalem zur „Westmauer" gehst, die übrigens kein Jude „Klagemauer" nennt, dann kannst du in den Gewölben auf der linken Seite manchen Kabbalisten finden, der Gebete für die Verstorbenen spricht und – sofern er es vermag – auch noch Botschaften zwischen Diesseits und Jenseits austauscht.

Der Weg der Seele nach dem Tod durch die verschiedenen Sphären und ihre letztliche Wiederkehr in ein neues Erdenleben findest du seit Jahrtausenden in den verborgenen Überlieferungen der europäischen und palästinensischen Juden. Daraus ein „System" zu erstellen, scheint aber nicht zu den Aufgaben meines Volkes gehört zu haben."

„Hat das einen Einfluss auf den Übergang in die Geistige Welt?"

„Nicht den geringsten! Wenn ich mit dir über andere große Prager Friedhöfe gehen würde, dann könnte ich dir zeigen, dass *hier* weitaus weniger „erdgebundene Seelen" zu finden sind als anderswo. Das mag viele Gründe haben, doch einer ist sicher das verborgene Wirken des Maharal; und außerdem nennen wir diesen Ort „Beth-Chaim" – das Haus des Lebens."

Shimon ging langsam den ausgetretenen engen Weg zurück. Er wirkte zwischen diesen Grabsteinen wie ein

Wesen aus einer anderen Welt. Manchmal legte er eine Hand auf einen dieser verwitterten Steine, dessen Inschrift kaum noch zu entziffern war; dann wieder hob er seine Hände zum Himmel, als wolle er eine Taube fliegen lassen. Schließlich hob er das dünne Absperrungsband hoch, trat zwischen zwei Bäume an ein Grab und begann mit lauter Stimme zu sprechen:

„Aus der Tiefe rufe ich, Herr, zu dir:
Herr, höre meine Stimme!
Wende dein Ohr mir zu,
Achte auf mein lautes Flehen!
Würdest du, Herr, unsere Sünden beachten,
Herr, wer könnte vor dir bestehen?
Doch bei dir ist Vergebung,
Damit man in Ehrfurcht dir dient.
Ich hoffe auf den Herrn,
Es hofft meine Seele.
Ich warte voll Vertrauen auf sein Wort.
Meine Seele wartet auf den Herrn,
Mehr als die Wächter auf den Morgen.

Mehr als die Wächter auf den Morgen
Soll Israel harren auf den Herrn.
Denn beim Herrn ist die Huld
Bei ihm ist Erlösung in Fülle.
Ja, er wird Israel erlösen
Von all seinen Sünden."

Es klang, als ob einer der Propheten des Alten Testa-
mentes seine Stimme erheben und den Psalm zitieren
würde. Mir lief ein Schauer über den Rücken.

Religion

Wir blieben nach unserem Friedhofsbesuch noch im Jüdischen Viertel und besuchten einige der Synagogen, wobei die 80.000 Namen der Opfer in der Pinkas-Synagoge sowie die Gemälde der Kinder aus dem Konzentrationslager niemanden unberührt lassen.

Shimon schwieg die meiste Zeit, blickte ernst und verwies nur gelegentlich auf ein Schild, ein Motiv oder einen Namen.

Erst in der Maisel-Synagoge, die heute eine Art Historisches Museum bildet, ergriff er wieder das Wort.

„Lass uns nach oben gehen, dort sind wir ungestörter."

Wir fanden ein stilles Plätzchen, und es drängte mich, ihn zu fragen: „Wenn du regelmäßig diese Orte aufsuchst, belastet dich das nicht? Die Ausstrahlung der Bilder? Die zierlichen Zeichnungen von der „Heimkehr nach Palästina", wo jeder Pinselstrich von der Palme am Strand sofort ausgelöscht wird, wenn man unter der Zeichnung liest: „Lea, Auschwitz, 3. Oktober 1943." Es kostet mich schon viel Kraft, das zu verarbeiten."

„Das lässt sich nicht in wenigen Sätzen beantworten. Die Shoah war einzigartig; aber sie war nicht das einzige fürchterliche Massenmorden in der Menschheitsgeschichte. Man ist vielleicht von der Zahl „sechs Millionen" erschlagen.

Ich nehme durchaus all das Leid und den Schmerz wahr, vor allem wenn Überlebende von damals nach Prag kommen und mit mir reden. Hier ist es natürlich hilfreich, wenn ich bis zu der Grenze offen sprechen kann, dass ein Weiterleben nach dem Tod nicht infrage gestellt wird. Dann ist es leicht, Hilfe und Trost zu schenken. Vielen hat die Shoah jedoch jeglichen Glauben geraubt.

Wenn dann jemand mit den Worten abreist: „Ich wünschte, Sie haben Recht", ist schon viel erreicht.

Du darfst nicht vergessen: Ich habe kein Problem mit der göttlichen Gerechtigkeit! In Einzelfällen war es mir gestattet, die Inkarnationsfolge und somit die karmischen Strukturen der Opfer zu verfolgen. In jedem Fall war ich erschüttert von der unfassbaren Weisheit, mit der die Fäden des Schicksals geknüpft wurden. Jeder einzelne Fall war anders gelagert; jedes einzelne Geschehen bis ins kleinste Detail überblickt. Manchmal kamen mir diese „Fäden" wie ein kosmisches Spinnennetz vor – alles von einem Faden in unendlicher Genauigkeit gewoben. Und alles mit allem durch höchste Intelligenz verknüpft.

Das schreckliche Leid meines Volkes wird dadurch nicht im Geringsten abgeschwächt – aber für mich ist es längst verständlich geworden."

„Kannst du denn mit Überlebenden über Karma sprechen? Wird dir das nicht als Zynismus ausgelegt?"

„Nur in ganz seltenen Fällen. Die Menschen verstehen, dass ich Anteil nehme an ihrem Schicksal. Ich halte keinen distanzierten, rein philosophischen Vortrag. Ich halte Hände!

Und glaube mir, die Menschen suchen nur eine Antwort auf die *eine* Frage: „Warum?"

Das muss sie noch nicht bereit machen für die Antwort, doch es macht sie geneigt, mir zuzuhören."

„Ist es dafür hilfreich, wenn sie dich als „einen der ihren" betrachten?"

„Sicherlich. Das oft tragische Schicksal des jüdischen Volkes durch die Jahrtausende hat den Begriff der „Schicksalsgemeinschaft" mit besonderem Leben gefüllt. Die Shoah hat diese Empfindung nochmals dramatisch verstärkt.

Daher löse ich mich – auf der materiellen Ebene – auch nicht davon. Ich nehme bewusst unser Volkskarma an.

Es ist in den meisten Fällen angemessen, sich seiner Wurzeln zu erinnern und sie zu würdigen. Nur in seltenen Fällen sollte man sich von ihnen trennen, weil es dem eigenen geistigen Fortschritt und dem anderer Betroffener dienen mag. In der Regel inkarnierst du ja aus freier Wahl genau dort, wo du inkarnierst. Du gestaltest deinen Lebensplan mit deinem Engel vor jeder Inkarnation – und dies geschieht mit größter Weisheit."

„Du siehst natürlich auch den Beitrag, den Kabbala und Chassidismus zur geistigen Reifung der Menschheit beitragen und beziehst diesen in deine Argumentation mit ein?"

„Selbstverständlich! Und der ist, glaube es mir, mein lieber Freund, weitaus größer, als die meisten annehmen. Die mit riesigem Abstand kleinste der fünf Weltreligionen hütet ungeheure Schätze. Die Tiefen der Lehren eines Isaak Luria oder die Geistesgröße des Baalschem sind noch nicht annähernd erfasst worden.

Das liegt zum einen daran, dass manches wertvolle Buch nur auf Hebräisch verfügbar ist, zum anderen aber auch daran, dass die meisten überhaupt noch nie etwas von der „verborgenen Lehre" im Judentum gehört haben. Wir haben zwar Zeichnungen von jedem dritten Pflasterstein in Florenz, aber nicht einmal Grundkenntnisse der Geistesschätze von Safed im 16. Jahrhundert – damals eines der größten spirituellen Zentren der Erde.

Aber auch da kann ich ganz gelassen abwarten, bis die Zeit gekommen ist.

Ich wäre schon glücklich, wenn die Menschen erkennen würden, welche Kostbarkeit wir in dem noch immer ernsthaft eingehaltenen Schabbes haben. Eine wunderbare Zeit der Einkehr!"

„Du meinst, der christliche Sonntag oder das Freitagsgebet bei den Muslimen ist zu sehr nach außen gerichtet?"

„Ich spreche eigentlich nie öffentlich über die unterschiedlichen religiösen Gebräuche. Die Juden werden schon genug angefeindet wegen ihrer ‚seltsamen Rituale‘. Den Streit möchte ich nicht noch durch kritische Hinweise meinerseits anfachen. Aber sind wir beide uns nicht einig: An keinem Tag ist mehr Aktivität, Unruhe und Verkehr als bei den sonntäglichen Sport-, Kultur- oder Polit-Veranstaltungen. Und wenn es diese nicht sind, dann wird gewandert oder es werden Verwandte besucht. Es bleibt einfach kein Raum für STILLE. Die äußere Welt nimmt jeden Raum und alle Zeit in Besitz, die am Schabbes – dem Tag mit Gott – eigentlich dem Austausch mit einer höheren Wirklichkeit vorbehalten sein sollte.“

Wenn ich an mein eigenes Leben in Zürich dachte, musste ich ihm beschämt zustimmen. Und wie wenig Zeit mochten die Menschen für Gott erübrigen, die nicht meditierten.

Wie weise hatte auch dies schon Rabbi Löw vorhergesagt, als er schrieb: „Ein Mensch, dem nicht an jedem Tag eine Stunde gehört, ist kein Mensch.“

Gott

Shimon spielte dann in der Maisel-Synagoge tatsächlich jenen Fremdenführer für mich, für den ich ihn im ersten Moment unserer Begegnung gehalten hatte. Die wohl auf Dauer angelegte Ausstellung in der Maisel-Synagoge enthält viele außergewöhnliche Exponate, und wenn Shimon sie in ihrer tieferen Bedeutung erklärte, konnte man geradezu meinen, er sei in der Epoche dabei gewesen, als sie angefertigt wurden.

Trotzdem wirkte Shimon an diesem Ort für mich wie ein Fremdkörper, und ich war erfreut, als er mit dem Hinweis, mir seine Prager Lieblingssynagoge zu zeigen, dieses Museum verließ.

Wir gingen über den Altstädter Ring, am Pulverturm vorbei in einen Stadtteil, der ein paar Geschäfts- und Wohnhäuser, einige Restaurants und eine alte Kirche aufwies, ansonsten aber eher unscheinbar wirkte. In einer kleinen Nebenstraße lag die wunderschön gestaltete „Jerusalemsynagoge". Shimon verwies auf die Mittelarkade des Portikus, die von dem berühmten Vers aus Maleachi geschmückt wurde: „Haben wir nicht alle einen Vater? Hat uns nicht ein Gott erschaffen?"

Im Inneren wirkt die Synagoge wie eine vollkommene Synthese zwischen maurischer Baukunst und Jugendstil. Von außergewöhnlicher Schönheit sind die vielen Glasfenster, die, was mich überraschte, viele Inschriften „Gewidmet von…" mit deutschen Namen trugen. Auch wenn dies alles vor 1933 geschah, wirkt das für einen ausländischen Besucher, der die tragische Geschichte kennt, irgendwie hoffnungsvoll.

„Diese Synagoge wurde erst 1906 geweiht. Du findest sie nicht einmal in jedem Reiseführer im Kapitel „Das Jüdische Viertel". Ich komme gerne hierher, weil sie wenig besucht ist. Man hat Zeit für sich selbst – und für die Zwiesprache mit ‚oben'."

„Die Inschrift vom *einen* Gott weist auf eine große Toleranz hin, fast schon auf einen theosophisch-weltreligiösen Ansatz."

„Es ist eines der größten Paradoxa im Zusammenhang mit dem Judentum, dass es als die abgekapseltste Religion gilt. Da wird das äußere Bild der Orthodoxen, die ich auf ihre Art für liebenswert, wenngleich für nicht sehr dialogfähig halte, mit dem ganzen Judentum gleichgesetzt. Man übersieht dabei völlig, dass die Juden in Ost und West, in Nord und Süd *immer* eine Minderheit waren. Sie mussten sich, um überleben zu können, überall mit der herrschenden Kultur vertraut machen. Kein Volk hat daher so viele Impulse aufgenommen wie das jüdische. Du findest, vom Durchschnitt her betrachtet, auf Erden keine zweite Gruppe, die über eine solche Bildung verfügt."

„Die jüdische Weisheit selbst hat wiederum stark auf ihr Umfeld zurückgewirkt, wobei das gerne verschwiegen wird."

„Ein weiteres Paradox meines Volkes. Ich will das jetzt gar nicht anhand der verschiedenen Länder erklären, sondern nur den Begriff „Christliche Kabbala" heranziehen. Entscheidend ist hier die Betonung auf *Kabbala*! Der Einfluss ging nämlich fast ausschließlich in die christliche Richtung. Die kabbalistischen Schriften boten für die an der Mystik interessierten christlichen Kreise eine Quelle der Inspiration.

Mit Thomas von Aquin konntest du zwar einen Lehrstuhl für Scholastik bekommen, aber keine Unterstützung für dein religiöses Leben. Ich schätze es an ihm, dass er nach seiner großen Erfahrung am Lebensende gesagt hat, alles, was er geschrieben habe, sei „Heu und Stroh" und man möge es wegwerfen. Das war ebenso ehrlich wie wahr. Was hat man allerdings gemacht? Man hat ihn heiliggesprochen und zum „Kirchenlehrer" erklärt. Die Welt ist schon ein seltsamer Ort."

„Wer einmal den Schleier der Zeit gehoben hat, ist nicht mehr derselbe wie vorher. Vor allem wird er demütig."

„Demut ist der Universalschlüssel! Natürlich ist es eine schöne Aussage, wenn über dem Eingang steht, dass wir alle einen göttlichen Vater haben. Aber was heißt das?

Ich lese ja gerne, weil ich Bücher liebe. Ich lese aber mehr aus Bibliophilie, denn zur Wissensgewinnung. Was heute teilweise veröffentlicht wird und im Titel „Gott" trägt, macht mich manchmal nahezu sprachlos. Da gibt es Autoren, die mit „Gott sprechen" wie mit ihrem Bäcker. Andere wiederum verkünden Allerweltsweisheiten mit der „göttlichen Stimme" und nennen sich „Vater-Medien". Es gibt nahezu keinen Unsinn, der nicht unter der ‚Autorschaft Gottes' auf Papier gedruckt wird. In den Hochkulturen der Antike hättest du dich eher von einer Tempelzinne gestürzt, als solchen Unsinn zu verbreiten. Alle diese Menschen haben jede Ehrfurcht vor der Ungeheuerlichkeit GOTTES verloren.

Es ist bedauerlich genug, dass die Religionen Gott nach ihrem Bilde geschaffen haben – nicht umgekehrt. Dabei ist es bedeutungslos, welche Namen du IHM gibst. Shiva, Mahakali, Baal, Demeter oder Allah – wähle dir aus, was dir gefällt. Alles Projektionen des Menschen.

Jesus, Jeshuah, war ein jüdischer Rabbi, der Aramäisch sprach und sein Volk liebte. Er war ein wunderbarer Mensch und ein einzigartiges LICHT. Die Griechen und Römer unter seinen späteren Nachfolgern mussten eine Art Apollo aus ihm machen, um den Konkurrenzkampf mit dem jeweiligen Pantheon der anderen zu gewinnen. Und weil Jesus sich nie selbst zum „Gott" erklärt hatte, mussten sich die späteren, machtpolitisch denkenden Kirchenväter, mitsamt dem kaiserlichen Einfluss, noch eine „Dreifaltigkeit" ausdenken, um alle Gruppierungen unter einen Hut zu bekommen."

„Du hast ja eine Tendenz zum Religionskritiker in dir. Diese Seite habe ich ja noch gar nicht an dir gesehen."

„Es geht mir eigentlich nicht um Religiosität, sondern

um Dogmatik. Es sind erstaunlicherweise die einfachen Menschen – in allen Religionen – die eine natürliche Ehrfurcht im Herzen tragen. Sie wissen nichts von Dogmen, und sie lesen keine „Gespräche mit Gott"; aber sie tragen einen Funken des göttlichen Lichtes in sich, was allein zählt!

Wir, als Erdenmenschen, können nicht einmal erahnen, was GOTT bedeutet. Nur wenige in der Geschichte sahen weit genug, um die unendliche göttliche Hierarchie über uns zu erschauen. Pythagoras war einer von ihnen. Jesus wusste, wenn er von seinem „Vater" sprach, dass er mit dem Planetarischen Logos „eins" war. Die unendliche GOTTHEIT war weit jenseits davon.

In jüngerer Zeit haben einige den Blick weit genug erhoben, um von „Para"-Brahman sprechen zu können. Jenseits von dem, was wir Gott nennen, liegt die Unendlichkeit und Unbegreiflichkeit der Gottheit.

Sri Aurobindo hatte das im Osten erkannt, auch der Buddhist Lama A. Govinda, der als Reinkarnation von Novalis allerdings fast zum Westen zu zählen ist. Charles W. Leadbeater und sein Meisterschüler Geoffrey Hodson hoben die Theosophie in diese Höhen, Flower A. Newhouse die christliche Mystik; und der einzigartige Krishnamurti befreite den GEIST von allen Formen und Bildern. Dazu kommen noch einige, die im Verborgenen wirken, in dieser Welt oder auf der anderen Seite. Du kennst einige von ihnen."

Ich ahnte, worauf er anspielte, war aber noch ganz gefesselt von seinen Ausführungen.

„Wir müssen also, wenn ich dich recht verstehe, als Menschheit wieder die wahre Ehrfurcht vor der Unermesslichkeit Gottes zurückgewinnen?"

„Das trifft zumindest etwas Grundsätzliches. Die Ehrfurcht wäre ein Schlüssel. Dann fiele es den Menschen wieder leichter, auf die Knie zu sinken. Nicht aus Angst oder Unterwürfigkeit, sondern aus Erschütterung und Ergriffenheit vor dem unbegreiflichen Mysterium."

Shimon blickte, wie in ferne Welten schauend, auf den vergoldeten Thora-Schrein vor uns – und schwieg.

Wir saßen so lange gemeinsam schweigend in der Jerusalemsynagoge. Als er endlich aufstand, nahm er meine Hand und zog mich sanft aus der Bank. Dann legte er ohne ein Wort seine Linke auf mein Herz-Zentrum.

Als wir vor der Synagoge standen, verabschiedete er sich mit liebevoller Herzlichkeit von mir.

„Diese Stunde bleibt uns erhalten und verbindet unsere Herzen."

Ich muss übermorgen auf eine kleine Reise. Wenn du es einrichten kannst, würde ich dich gerne morgen Abend noch einmal in der Altneusynagoge treffen. Du könntest um 18 Uhr kommen, ich habe einen Schlüssel."

Ich war ganz sicher, dass ich es würde einrichten können.

Ain Soph

In der Dunkelheit wirkt die Altneusynagoge noch geheimnisvoller als am Tag. Shimon wartete vor dem Portal, schloss auf, machte das Licht im Vorraum an, stieg langsam die acht Stufen hinab und zog eine Kerze aus der Seitentasche seines großen Mantels. Nachdem er diese angezündet hatte, löschte er das Licht im Vorraum wieder, und wir setzten uns in die rechte Stuhlreihe, vier Sitze vom Platz Rabbi Löws entfernt.

Ich hatte noch nie bei Dunkelheit in der Altneusynagoge gesessen. Es war eine elektrisierende Atmosphäre.

„Wir haben gestern über Gott gesprochen, so weit es für menschliches Bewusstsein angemessen und sinnvoll ist, darüber zu reden. Ich mag die Legende, wonach der Buddha, als Antwort auf die Frage nach dem Wesen von Brahman, einfach eine Rose emporhielt. Eine wunderschöne, tiefsinnige Geste.

Trotzdem drängt es die menschliche Seele, auf ihren Ursprung zu schauen. Böhme sprach vom Ur- oder Un-Grund, die Meister-Kabbalisten erfanden den Begriff des „Ain Soph", der absoluten, vollkommen transzendenten Gottheit. Jener unfassbaren MACHT, der wir entstammen und die uns durch ihr SEIN am Leben erhält.

Wenn du deine Gedanken zu Ain Soph empor richtest, dann stelle dir ein LICHT vor, heller als alle Sonnen. Alles wird von IHM erhellt – auch dein Herz.

Ain Soph ist formlos, gestaltlos, nicht-seiend – und ist doch das vollkommene SEIN AN SICH. Wir waren einst viel näher an diesem Licht, wobei räumliche Kategorien natürlich nicht wirklich für eine Beschreibung geeignet sind. Unsere göttlichen Geistfunken nahmen dieses LICHT einst fast ungebrochen auf. Doch heute sind davon nur noch die Schatten eines Schattens geblieben. Doch dieser Geistfunken in uns, unser Geburtsgeschenk, ist unzerstörbar. Er ist eine Gabe vom Leben selbst, das Versprechen von Ain Soph, immer mit ihm verbunden zu bleiben – auch im Reich der Schatten.

Von diesem LICHT berührt zu werden, ist eine so unbeschreibliche Gnade, eine so unsagbare Glückseligkeit, dass mir die Worte fehlen, es dir zu vermitteln.

Ich weiß, dass du in den letzten Jahren auch von diesem LICHT berührt wurdest, deswegen haben wir uns gefunden. Wir sind damit die Verpflichtung eingegangen, es weiterzutragen. Wir müssen die „gefallenen Funken" erlösen – bis hin zu dem Tisch, an dem wir sitzen. Je hingebungsvoller wir dienen, desto klarer vermögen wir das LICHT zu erschauen."

Bei diesen Worten begann die Kerze zu flackern – und erlosch schließlich. Es wurde aber nicht dunkel. Die Synagoge war erfüllt von von einem rot-goldenen Glanz, der nicht von dieser Welt war. Er drang ein in die Mauern; und als ich einen Blick auf meine Hand warf, leuchtete diese von innen. Es war, als wäre der Himmel auf die Erde herabgestiegen.

Ich weiß nicht, wie lange wir in diesem LICHTSEGEN verblieben. Die Zeit hatte vollkommen aufgehört zu existieren.

Irgendwann verblasste das Licht wieder – und wir gingen ganz leise nach draußen.

Shimon umarmte mich ein letztes Mal und verabschiedete sich mit den Worten: „In diesem LICHT sind wir immer vereint."

Dann ging er.

Wie es endete

Ich war zutiefst aufgewühlt und konnte noch nicht sofort wieder in die laute Alltagswirklichkeit eintauchen. Daher ging ich noch ein paar Schritte durch das menschenleere Jüdische Viertel, warf einen Blick durch das Tor auf den spärlich von Straßenlaternen erhellten Friedhof und wandte mich dann zurück, um durch den schmalen Durchgang vor der Altneusynagoge wieder Richtung Altstadt zu gehen.

Es war noch nicht wirklich spät am Abend, dennoch waren im Jüdischen Viertel kaum noch Menschen unterwegs. Trotzdem saß an der zweituntersten Stufe der nach oben enger werdenden Treppe, die zur Pariser Straße hinaufführte, eine Bettlerin.

Ich blieb kurz stehen, zog einen 100-Kronen-Schein aus meiner Geldbörse, um ihn dieser Frau zu geben, die einen dunklen Schal um ihren Kopf gebunden hatte und deren Gesicht nur halb zu sehen war. Als ich ihr den Schein in die Hand drückte, wobei ich fast ein wenig nachhelfen musste, sprach sie plötzlich:

„Shimon ist a Nistor. Du bist a gliikklicher Mann."

Ich ging verwundert weiter und war oben schon auf die Straße eingebogen, als die Worte erst in meiner Seele ankamen.

Was hatte die Frau gesagt? Wer oder was war ein Nistor?

Ich drehte mich um, bog um die Ecke, um die Bettlerin am Treppenende zu fragen, was sie mit ihren dunklen Worten gemeint hatte. Aber da saß niemand mehr. Sie war spurlos verschwunden.

Ich kehrte zu meinem Hotel zurück, noch immer diese besondere Betonung des *glücklich* im Kopf. „Du bist a gliikklicher Mann."

Nachdem ich am folgenden Nachmittag in Zürich gelandet war, rief ich sofort meinen alten Freund Abraham von der jüdischen Gemeinde an, um ihn zu fragen, ob er jemals das Wort „Nistor" gehörte habe.

„Ich komme in einer Stunde zu dir." Und schon hatte er aufgelegt.

Abraham, der sonst eher ein gesprächiger Mensch war und mit mir gerne bei einem guten Glas Wein über Gott und die Welt philosophierte, musste etwas ahnen. Bevor eine Stunde vergangen war, stand er vor der Tür, setzte sich und sagte nur: „Erzähle!"

Ich gab ihm einen kurzen Überblick über die Tage mit Shimon in Prag und endete mit dem Zusammentreffen an der Treppe – die Aussage der geheimnisvollen Bettlerin.

„Es gibt eine uralte Legende von den „Nistorim", den „Verborgenen mit dem göttlichen Licht in der Seele". Sie gelten als die „verborgenen Meister", als die unerkannt lebenden Wächter des menschlichen Lebens auf Erden. Ihre Zahl wechselt, aber es soll bis zu zweiunddreißig von ihnen geben. Ein Nistor ist also einer jener im Verborgenen lebenden und wirkenden zweiunddreißig Meister.

Bis heute habe ich geglaubt, dass dies tatsächlich nur eine Legende ist; aber du hast mich eines Besseren belehrt.

Du bist wirklich ein glücklicher Mann!"

Namen– und Begriffserklärungen

Einige der erwähnten historischen Namen sowie einige spezielle Ausdrücke aus der Kabbala sind vielleicht nicht allgemein bekannt, daher sollen sie hier kurz erklärt werden.

AIN SOPH – Bezeichnung für den absoluten, transzendenten Ursprung der Schöpfung. Das Urlicht.

BAALSCHEM (Israel ben Elieser, 1700-1760) – Legendärer Begründer des Chassidismus.

BÖHME, JAKOB (1575-1624) – Deutscher Philosoph und Mystiker. Vermutlich von den Rosenkreuzern beeinflusst.

BRUNO, GIORDANO (1548-1600) – Radikaler Philosoph, der die revolutionären kosmologischen Beobachtungen des

Jahrhunderts in eine ebenso revolutionäre Philosophie einfließen ließ. Am 17. Februar 1600 auf dem Campo de' Fiori in Rom von der Inquisition verbrannt.

BUBER, MARTIN (1878-1965) – Einer der größten Religionsphilosophen des 20. Jahrhunderts.

DEE, JOHN (1527-1609) – Berühmter englischer Magier.

FERDINAND II. (1578-1637) – Gegenspieler von Friedrich I. und späterer Kaiser. Vertreter der katholischen Gegenreformation.

FRIEDRICH V. (1596-1632) – Kurfürst von der Pfalz. Unterstützer der freigeistigen Gruppierungen. Als Friedrich I. 1619-1620 Kaiser und König von Böhmen, der sogenannte „Winterkönig". Bei der Schlacht am Weißen Berg am 8. November 1620 vernichtend geschlagen.

GILGUL – Kabbalistischer Begriff für die Seelenwanderung.

GOLEM – Mythische Figur, die nicht von Rabbi Löw geschaffen wurde. Bekannt geworden durch den Roman von Gustav Meyrink „Der Golem".

HODSON, GEOFFREY (1886-1983) – Bedeutender theosophischer Hellseher. Schüler von Charles W. Leadbeater.

HRADSCHIN – Prager Burg, die auch den Veitsdom mit einschließt.

HÜTER DES KARMA – Große Erzengel, die über das Schicksal der Menschheit wachen. Zugleich die Wächter der „Akasha-Chronik".

ILLUMINATEN – Geheimnisvoller Orden, der am 1. Mai 1776 von Adam Weishaupt gegründet wurde. Offiziell 1785 wieder verboten; aber im Untergrund weiterhin sehr einflussreich.

KAFKA, FRANZ (1856-1934) – Berühmter Schriftsteller mit Interesse für esoterische Themen.

KELLEY, EDWARD (1555-1597) – Englischer Magier. Partner von John Dee.

KEPLER, JOHANNES (1571-1630) – Berühmter Astronom und Astrologe. Wirkte am Hof Rudolf II.

KRISHNAMURTI (1895-1986) – Revolutionärer spiritueller Schriftsteller.

LEADBEATER, CHARLES WEBSTER (1854-1934) – Bedeutendster theosophischer Schriftsteller.

LIBUSSA – Mythische Seherin und Begründerin von Prag. Sagte auch das Wirken der Juden in Prag voraus.

LÖW, Rabbi (1512-1609) – Bedeutendster Rabbi und jüdischer Gelehrte seiner Zeit.

LURIA, ISAAK (1534-1572) – Berühmter Kabbalist aus Safed, der heute noch große Popularität genießt.

Maharal (Moreinu ha-Raw Loew) – Unser Lehrer Rabbi Löw. Jüdischer Ehrenname für Rabbi Löw.

Mucha, Alfons (1860-1939) – Berühmter Prager Jugendstil-Künstler.

Newhouse, Flower A. (1909-1992) – Amerikanische christliche Mystikerin.

Novalis (1772-1801) – Berühmter Schriftsteller der Frühromantik.

Parler, Peter (1330-1399) – Bedeutender Prager Baumeister. Im Veitsdom begraben.

Rudolf II. (1552-1612) – Deutscher Kaiser mit Residenz in Prag. War sehr an allen spirituellen Themen interessiert. Später von seinem Bruder Matthias (1557-1619) hintergangen und entmachtet.

Schabbes – Jiddisch für Sabbat.

SHOAH – Jüdische Bezeichnung des Holocaust.

SOHAR (auch Zohar) – Einflussreiche Schrift der Kabbala. Der Ursprung liegt im Dunkel der Zeit. Später tauchte die erste schriftliche Fassung Ende des 13. Jahrhunderts in Spanien auf.

SPINOZA, BARUCH DE (1632-1677) – Jüdischer Religionsphilosoph. Stark umstritten wegen seiner Substanz-Metaphysik und einer extrem unpersönlich geprägten Gotteslehre.

STEINER, RUDOLF (1861-1925) – Begründer der Anthroposophie.

*Glück ist,
lieben zu können.*

Glück ist, der Stille zuzuhören.

Glück ist, nichts zu erwarten.

Glück ist, Menschen an seiner
Seite zu haben, von denen man
verstanden wird.

Glück ist, einem Menschen Trost
zu bringen, der eine schwere
Wegstrecke zurücklegen muss.

Glück ist, spontan lachen zu
können.

Peter Allmend
Elision
Begegnung mit einer Weisen
Hardcover mit Schutzumschlag
160 Seiten mit Illustrationen
ISBN 978-3-89427-625-6

Peter Allmend
Einfachheit
**Im Wenigen die Fülle
finden**
Hardcover mit Schutzumschlag
160 Seiten mit Illustrationen
ISBN 978-3-89427-689-8

Im Wenigen die Fülle finden

DIE BEGEGNUNG MIT EINER LICHTEN SEELE UND DIE ENTSCHLÜSSELUNG DER GROSSEN GEHEIMNISSE DES HEILENS!

Peter Allmend ist noch ein Jugendlicher, als er das erste Mal jenes kleine Haus betritt, in dem eine Heilerin ihrer wunderbaren Berufung nachgeht. Er ist beeindruckt von der Wirkung, welche ihre Hände bei der Heilbehandlung in ihm auslösen. Ein Erlebnis, das er nie vergessen wird. Über die Jahre entsteht eine enge Freundschaft mit der Heilerin, die ihn häufig in ihre Behandlungen mit einbezieht und ihm so Einblick gewährt in die tiefsten Geheimnisse von Gesundheit und Krankheit.

Allmählich erkennt er, mit welcher großen Seele er in Kontakt kommen durfte. Er beginnt, seine Erlebnisse und die umfassenden Erläuterungen, die er erhält, aufzuzeichnen. So entsteht eine Art „Tagebuch der Geistheilung", das seinesgleichen sucht. Ein Dokument über das Wirken geistiger Kräfte und himmlischer Wesen im Verborgenen.

Peter Allmend
Die Heilerin
Worte können Engel sein
Hardcover mit Schutzumschlag
160 Seiten
ISBN 978-3-89427-778-9